地球科普王国系列丛书

周海霞 编著

揭开"木乃伊"的神秘面纱

真实的考古资料完美再现，
引人入胜的文字为您揭开古代文明的真实秘密。
探索古代文明遗迹，发现历史的转折点，开拓历史的新历程。

WUHAN UNIVERSITY PRESS
武汉大学出版社

图书在版编目（CIP）数据

揭开"木乃伊"的神秘面纱 /《地球科普王国》编委会编写. —武汉：
武汉大学出版社，2013.6
（地球科普王国系列）
ISBN 978-7-307-11085-4

Ⅰ.①揭…　Ⅱ.①地…　Ⅲ.①干尸—埃及—古代—青年读物
②干尸—埃及—古代—少年读物　Ⅳ.①K884.118.8-49

中国版本图书馆CIP数据核字（2013）第146696号

责任编辑：瞿　嵘　雷文静

出版发行：**武汉大学出版社**　　（430072　武昌　珞珈山）
　　　　　（网址：www.wdp.com.cn）
印　　刷：三河市德辉印务有限公司
开　　本：690mm×940mm　1/16　印　张：14　字　数：170千字
版　　次：2013年6月第1版　　　印　次：2014年1月第1次印刷
书　　号：ISBN 978-7-307-11085-4　定　价：34.80元

前言

　　木乃伊是阿拉伯语的音译，意思为干尸，它包括人和动物（如猴子、猫、鸟和鳄鱼等）的木乃伊。在精彩的好莱坞影片中，人们可以看到沉睡在金字塔中几千年的木乃伊突然苏醒过来，带着令人惊骇的神奇力量进入人间。他们可以随心所欲，自由来去，全身散发出无穷无尽的法力。木乃伊真的能够复活吗？它们是怎样被发现的？它们又是如何出现的？怎样制作一具标准的木乃伊？这些木乃伊又是如何被安放在陵墓的？

　　有关"木乃伊"的故事层出不穷，例如，从湖北江陵凤凰山168号汉墓中出土的二千一百四十年前的男尸的肝脏中，发现有较多的血吸虫卵和肝吸虫卵，这与马王堆女尸中查出血吸虫卵相印证，说明早在两千多年前我国两湖地区已有了血吸虫病，证明我国古代医药典籍中的记载是仔细而正确的。又如马王堆女尸身患九种疾病，其中胆石症一项，不仅该女尸有，凤凰山男尸有，在明代的若干古尸解剖中也曾有发现。我们曾得到比鸽蛋要大的胆结石三颗，产于同一古尸的胆囊之中。在另一明代女尸中曾获得子宫肿厚的标本，坚如石球。更有趣的是，我们曾在一古尸中获得干缩心脏上保存得极好的心脏瓣膜的标本。这些标本资料对研究相应疾病的病理和病史都是极为珍贵的。

　　本书根据历史探索将遥远时代的"木乃伊"用趣味盎然的语言一一呈现，带领读者一起揭开"木乃伊"的神秘面纱。在西方，每当一次解剖研究来自埃及的木乃伊的时候，几乎毫不例外地引起一阵轰动：一群人围着古尸忙碌着，人类学家忙着进行观察和测量，医学家和病理学家忙着取得各种组织和器官的标本。摄影机、录像机和录音机记录了现场的实况和科学家们的评论，报刊刊出大量报道。然而，这些西方的科学家最羡慕的却是中国，因为按照他们的说法，"古尸保存最惊人的例子是在中国"。

　　让我们一起去见识下吧！

目 录

发现木乃伊

在古埃及，法老相信人死后可以复活。为了保证灵魂不死，通常要把死者做成木乃伊。法老木乃伊制成后，安放在人面形的木、石棺内，葬入金字塔陵墓。为防止木乃伊腐败，法老们将陵墓建于干燥少雨的沙漠高地。由于墓内珍贵的随葬品极其丰富，盗墓事件接二连三地发生。

深井的秘密

据记载，公元前10世纪，第二十一王朝时，为预防盗贼再次掘墓，便将历史上曾被偷盗过的四十多具法老、王后、王亲和祭司等木乃伊聚集在一起，用亚麻布重新包裹，放置在新的棺木内，秘密地藏在卢克索山区一口深井里。这样，上述木乃伊才得以安全无恙地沉睡了三千年，直到1875年被当地一个农民无意中发现。他数次下井盗宝，并偷偷地卖给英国驻卢克索的领事。此后，欧洲市场上出现了大量的古埃及文物，引起了埃及政府的注意与侦缉，逮捕了这个农民，但他拒不招供。释放回家后，他因与其弟分赃不均，发生争执，终于暴露了深井的秘密。

木乃伊转移

1881年7月14日，埃及政府派船只装运着这四十多具木乃伊离开卢克索，沿尼罗河两岸数百公里长的河岸上，成千上万的农民肃穆地伫立，目送浩浩荡荡的船队通过。有意思的是，当时英、法控制的埃及财政部竟要木乃伊上税，由于首

1

次见到木乃伊，人们不知把他们当做什么才好，最后以"干鱼"名义缴了税。

木乃伊运入市区后，起初安放在一个小博物馆内。1902年，埃及国家博物馆落成，这批木乃伊被移入三层专室，并于1928年初次对外开放，稍后，因"对法老不恭"而停展，改为只向国家元首和考古专业人员展出。1958年木乃伊才再次向公众开放。

古埃及盛行制作木乃伊

木乃伊是什么

木乃伊就是在死后很久其软组织依然存留的人的躯体。通常情况下，人死亡之后，腐烂分解过程会在大约几个月内将尸体分解得只剩下骨骼。腐烂的速度取决于众多因素，主要是周围环境的状况。

在大多数的环境中，腐烂的第一阶段在死后几小时内就开始了。在这个叫做自溶的最初阶段中，某些自身含有消化酶的器官（例如肠道）开始自我溶解，就是腐烂过程，细菌开始腐蚀器官。在正常的温和环境中，尸体在死亡后三天左右开始发生腐烂。几个月内，遗体就只剩下骸骨了。在炎热潮湿的环境中，这一过程会加快，因为细菌在这种环境中繁殖得更快。在寒冷干燥的环境中，此过程会放慢，因为细菌的繁殖需要温度和水分（这就是我们用冰箱来储存食物的原因）。如果环境足够寒冷或干燥，或是没有足够的氧气，在如此恶劣的环境下没什么细菌能够存活，这样，遗体就不会完全腐烂，或许可以保存上千年。

其实在大自然中，有很多种情形都会导致木乃伊的存在。在大自然中，保存在冰川冰层中、缺氧的沼泽深处以及沙漠干燥沙层下的躯体便有可能变成天然的木乃伊。1991年一些旅行者在意大利阿尔卑斯山脉发现的"冰人"就是最轰动的天然木乃伊之一。这具5300岁的尸体被发现时身边还有保存完好的工具，他死在一座被积雪迅速填埋的岩洞中。事实上，这形成了天然的冰箱，保存了尸体的组织。这具木乃伊为历史学家提供了大量关于欧洲铜器时代的信息，包括代表性技术、人体健康与文身习俗。

在某些情况下，天然木乃伊显著地改变了我们对于历史的看法。在塔克拉玛干沙漠中发现的木乃伊提供了这一地区现代原住民族系的一些线索。木乃伊的面部结构揭示他们是印欧人种的后裔。这个生活在公元前1000年前后的人，太阳穴位置有一个明显的阳光纹身，与一个古代印度-伊朗神的象征符号类似。这一点与其他由木乃伊保存的证据共同表明，这一地区在汉族人到达前几个世纪曾经有印欧商人定居。

这些木乃伊是由于墓地周围充满炙热的沙子而形成的。当遗体埋在炙热的沙中，没有任何保护结构时，沙子可以吸收遗体的水分，使其完全脱水。这一天然的木乃伊化过程也发生在最古老的埃及人墓穴中。当遗体被埋在埃及沙漠中时，内脏器官保存了下来，皮肤也干瘪为一个又黑又硬的外壳。这一现象对古代埃及人产生了深刻的影响：人的身体在死后可以长时间留存的观点向他们暗示了人的灵魂同样可以留存。

"木乃伊"名称的由来

关于木乃伊的一个常见问题是：他们如何被冠以如此古怪的名字呢？"木乃伊"这个词是早期来到埃及的阿拉伯旅行者使用的。当外来人看到一些覆有黑色树脂状物质的木乃伊时，他们就误认为这些尸体是在乌黑而粘稠的柏油中浸渍过的。正因为如此，他们便称这些被保存的遗体为"木乃伊"（mummiya），阿拉伯语"沥青"的意思。

广为流传的神话

古埃及盛行制作木乃伊，与其流传甚广的神话传说和其独特自然环境有很大关系。

在埃及神话传说中，奥西里斯是大神努特（女性）和地神盖布（男性）之子。有关他死而复活及如何成为冥神的故事，在埃及广为传诵。奥西里斯原来是一位贤明公正的国王，深受人民的爱戴，但他的弟弟——沙漠贫瘠与混乱之神塞特对他十分嫉恨，一直想篡夺王位。

有一次，塞特按照奥西里斯的身材做了一只非常漂亮的箱子，邀请他到家里做客。席间，塞特让同伙把箱子抬了出来，表示谁躺在箱子里合适，他就把箱子送给谁。塞特的同伙都假装不合适。等奥西里斯一躺进箱子，他们就马上关紧了箱盖，把箱子扔进了尼罗河。奥西里斯的妻子伊西丝焦急万分，四处寻找，终于在西亚的地中海沿岸找到了他。

她把已死亡的奥西里斯藏在尼罗河三角洲的丛林中。塞特闻讯后仍不罢手，把奥西里斯的尸体残忍地剁成了14块，撒到埃及各地。

伊西丝历尽艰辛，将这些碎块找了回来，只是丈夫的生殖器已被鱼吃掉，再也找不到了。伊西丝把丈夫的尸体凑齐后，伏在上面痛哭。结果与丈夫的灵魂交配生下了儿子何露斯。后来在众神的帮助下，何露斯战胜了塞特神，成为埃及之王，奥西里斯也得以复活，但成了阴间的国王，做了冥神。

来世观念的支配

奥西里斯的传说之所以在埃及传播很广，深入人心，一方面是因为它反映了人世间的权力斗争和正义必将战胜邪恶的道理。在这个故事里，妻子忠于丈夫，儿子矢志为父报仇等社会观念，体现了古埃及人热爱正义、憎恨邪恶的思想。

但更为重要的原因是：奥西里斯的复活给人们带来了莫大的安慰——通过对冥神奥西里斯的崇拜，埃及人认为人死后是有可能复活的。

埃及独特的自然环境也助长了古埃及人对来世的希冀。

尼罗河每年有规律的泛滥与消退，与之相应的植物茂盛和枯萎，太阳每天的升起和落下，这些自然现象的周而复始给古埃及人这样一种观念：世界是循环往复的，自然万物可以由死复生，人也应当如此。为了准备来世的复活，必须要好好保存尸体，像伊西丝对她的丈夫那样。因为没有尸体，人死后不灭的灵魂就无所依附，人也就无法再生。在这种来世观的支配下，将尸体制成木乃伊之风在古埃及盛行。

木乃伊制作

木乃伊的制作步骤

为了得到永生，要求人们的身体必须被完好地保存下来，埃及人就发明并完善了一种保存尸体的办法，称为"木乃伊化"，即用香料防腐。

实际上，"木乃伊化"是个不恰当的词，这个词是从后王朝时用熔化的松脂填充尸体的办法叫开的，尸体的这种处理办法会导致一个黑色的木乃伊，这在埃及的阿拉伯人看来，是浸尸于滚热的沥青中的结果，他们把这种冒牌货叫"木乃伊亚"（与木乃伊发音相近），即阿拉伯语中的沥青。但究竟用香料熏制尸体叫什么，由于没找到一个更为合适的名词，故习惯称为"木乃伊"。

最为先进的木乃伊制作过程分为四个步骤：1.将大部分内脏去掉，那是体内最易腐烂的器官；2.用苏打对尸体进行干燥处理；3.用特制的材料将掏空的体腔

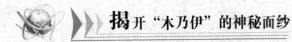

填满修好，恢复到死者的原状；4.像襁褓一样将尸体用亚麻布紧紧包扎好。

木乃伊制作最初的情况，我们所知甚少，在前王朝时的尸体是置于很浅的圆形墓穴，这些墓穴都是在沙漠地带，绝不会占用宝贵的耕地。尸体都朝左侧卧，头朝西方。早期埃及人很少能将尸体与沙土分开，当尸体被埋入沙中，就算自然界又为死者进行了一次木乃伊化（干燥），75%的体重会像流体一样被沙土吸收，只留下一个干瘪的略带褐色的尸体，但干尸形象却很逼真。

毫无疑义，这些前王朝墓葬可能被后代发现，后人会在埋葬自己死去亲人的同时无意地骚扰了这些墓葬。祖先那种非常自然化的面目会使他们对于自己的命运非常放心，也会使他们保存自己身体的念头更加根深蒂固。但显然地，他们并不知道沙土的吸湿性与自然木乃伊化有什么内在联系。

在前王朝的后期，埃及人使死者越来越舒服地在墓中安息；坟墓用泥砖围框做架，用木梁做天花板。有时尸体也被放入木棺中——也许是对奥西里斯木箱一种隐喻吧！

木乃伊制作技术的提高

在第一、第二、第三王朝时期（约公元前3100～前2675年），埃及人尝试着用一层层紧紧包扎的办法来保存尸体，包尸用的绷带是用松脂浸泡过的，尸体的全身还必须画出酷肖真人的线条来。但这一技术终归于失败。因为这些工匠们没有采取措施延缓肌肉和内脏的腐烂。这一时期内，如上方法制作出来的木乃伊后来差不多只剩下一个裹着松散骨架的坚硬的亚麻壳。

真正的木乃伊制作开始于第四王朝早期。那时专职为葬礼准备物品的人已认识到去掉内脏的必要性，胃、肝、肺和肠是体内最先腐烂的东西，取出这些东西再给尸体填上药物香料，就可以防止尸体的自然糜烂。也是在这个时期，人们摒弃了传统的襁褓式的埋葬方式，这种变化大概是为了便于将内脏从体腔内取出。

古王国时期给尸体进行防腐处置的人（姑且称他们为"熏尸匠"）相当关

注这样一个问题：即尽量使木乃伊形象逼真。他们用草、木屑粉和亚麻这类东西填入体内，修复出一个完整的尸体。司殡工人们用黑颜料勾勒出面部五官的轮廓，像眉毛、胡子什么的。爱美之心自古有之，而追求完美的古埃及人更是热衷此行，且有娴熟的技巧。在大约两千年间，对尸体进行防腐处理的那些熏尸匠们不断更新他们的工艺，到中王国（第十一～十三王朝，约公元前2025～前1606年）时，用于裹尸的亚麻布使用量急剧增加，十一王朝后期，一个大地产主巫阿的木乃伊，用了375平方码的亚麻包裹而成。新王国时期的主要革新则是将大脑去掉。

二十一王朝（约公元前1070～前945年）的那些保存完好的木乃伊，就是几个世纪来对尸体进行防腐处理的技术得到不断改进的见证。没有其他任何一个时期的尸体包扎技术比这时更为娴熟精细，也没有其他任何一个时期能将死者的面目修复得比这时更惟妙惟肖，甚至在来世可能会持续的不雅与失调也被列为考虑对象：有个患有严重褥疮的老妇人，在对她的尸体进行防腐处理时，工匠们做得天衣无缝——他们用一小块一小块的新皮补在疮的伤口上！

但不久以后，埃及人就另辟蹊径，在二十五王朝至三十王朝（公元前775～前332年）时，他们用熔化的松脂填充尸体，导致了尸体的焦黑，同时也引出了"木乃伊"这一词的真正含义。托勒密王朝（约公元前332～前30年）和罗马统治时代（公元前30～公元395年），墓葬工艺更趋粗糙，在尸体被处理完之前丢胳膊少腿的情况是常见的，埃及学家们经常发现有些在这个时期埋葬的木乃伊并非是一个人原本的肢体，而是由两个或更多的人体上拼凑出来的。

最晚从古王国时起，如果有人死去，他的尸体将会被送到一个专门净化尸体的地方，埃及人叫做"衣部"。尸体用苏打水清洗过以后，就会被送到填香料的地方，叫"洼拜特"（纯洁之地）或"培尔—那非尔"（美丽之屋），这都是熏尸匠们工作的地方。谁是主要完成尸体修制工作的人？这一点我们知道得不多。但是，至少在整个二十一王朝，那些高高在上的社会成员才有资格做安努比斯神的祭司。

安努比斯神是豺头人身，经常在墓壁绘画中出现，监视着木乃伊。在后王

揭开"木乃伊"的神秘面纱

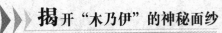
朝时期，熏尸匠们口头上仍然崇拜安努比斯神，他们的社会地位却已下降到如此地步：他们被看做令人不快的家伙，当然技术高超的工艺师除外。他们粗糙的工作，使许多后王朝时期木乃伊的形象惨不忍睹，这大概正是人们对他们另眼相看的原因。

木乃伊制作过程

希腊历史学家希罗多德曾于公元前450至公元前440年游历埃及，他留下了一个详尽的、大体确凿的关于木乃伊制作过程的描述。从他的手记和现代埃及学家的著作中，人们知道了一些大概情况。当尸体被送到熏尸匠那儿时，第一项工作是保护面部形象，防止它太快干燥，这要用熔化的松脂涂在面部。新王国伊始，尸体的大脑也被掏掉：工人把凿子从左边鼻孔塞进去，将筛骨弄碎，然后把工具在颅腔中转动捣碎脑髓，随后用一个很细很小的长柄勺从鼻孔里伸进大脑将脑浆舀出来，再用一些特殊材料（药物和香料）填进空空的头骨中去。埃及人找不到什么理由来保存这些取出的脑浆，只好将它们统统丢掉。

然后，熏尸匠又取出体内四个主要的内脏：胃、肠、肝和肺。通常是在肋下左侧切一个小口来取出这些东西，先是胃、肠和肝，然后敲打胸膜让肺出来。取出这些内脏以后，他们洗净胸腔、腹腔，根据希罗多德所记，是用棕油做清洗液。

由于死人在来世也需要这些器官，所以不能丢掉。有时这些内脏被整齐地包在松脂团里放进木乃伊的腹中，更为普遍的方法是把这些东西分别装在有盖的小罐里存放在腹中。古王国时，这种小罐通常只有很简单的盖；中王国时就复杂一些了，有人头形的罐盖；十八王朝早期，又新推出了制造小罐的工作，罐盖上是四个神像——"何露斯的四个儿子"，他们都是内脏器官神圣的守卫者：人头神依姆塞待保护肝；狗头或豺头的都阿姆特福是胃的守护者；猿形的哈比对肺负责；鹰像的荷贝塞那神则是肠的卫士。

熏尸匠并不把所有易腐器官都取出来。由于埃及人将心看做是智慧的所在，他们费尽心思，想法把心留在体内，新王国宗教铭文《亡灵书》就记载了三个值班人轮流监守，防止必不可少的心脏被工人一时大意，取了出来。接着，木乃伊制作就到了最重要的干燥阶段了——脱水，工匠们用临时的材料填入尸体中让它保持原来的轮廓。在奢华富裕的贵族体内放的是成袋的苏打，而在平民百姓体内则放草、木屑粉或芦苇之类的廉价品。完事后，尸体就被放在窄小的、倾斜的、专供填涂香料用的桌子上放置四十天，尸体上又喷上了吸湿苏打。

四十天后，工匠们将完全脱水的尸体从桌上移下，取出尸体内那些临时填充的材料，但并不扔掉。再次清洗和干燥尸体，才对尸体进行最后成形的包扎。木乃伊最终的外观取决于熏尸匠们的技术好坏。如果在体内填入太多的东西，就会导致不雅观的裂缝，这会危及整个身体得到永生的希望。皮肤的柔软性在某种程度上也能保持得很不错，牛奶、葡萄酒、香料、蜂蜡、松脂和柏油的混合物，就是最好的美容剂。用亚麻和形态逼真的石头做成眼珠填入空眼眶内，木乃伊就有了一双生动的眼睛了，最后在尸体上涂一层松脂防潮。在被包裹之前，尸体从熏尸匠那儿转交到化妆师，化妆师在面颊刷上一层胭脂红，把一个编辫的假发套在头上，有时还给死者穿上他们最好的衣服，戴上最好的珠宝。这一切都做好后，木乃伊就可以进入最后一道工序——包裹。

这个过程通常要持续十五天，其中许多日子是用来祷告的。埃及人将最终的包裹尸体看成是充满险恶的，于是他们就创造了一个非常精细的仪式，要求包扎尸体的手每动一下，都伴有一个庄严的祷告或神奇的符咒。这时祭司们把护身符之类的咒文放在工匠和亚麻绷带之间。最关键的是把符咒放在心脏上，这种护身符是做成圣甲虫或人心的形状。这种甲虫形或心形护身符通常是用绿色石头做成的，还刻着"保持死者的心，使它不产生危害主人的东西"之类的语句。另一种护身符通常放在木乃伊身体之上或被包进裹尸布中，包括"何露斯之眼"、小心脏形和"何露斯之子"的形状。

这些神圣的言词一经念出，木乃伊的包扎一经完成，尸体就最终定形了，熏尸匠的任务就完成了。在死者"会见他的卡"七十天之后，安努比斯神的秘密守卫者就把木乃伊送还他的家人举行葬礼。

揭开"木乃伊"的神秘面纱

木乃伊入棺

完成了上面所说的这一系列准备工作后，木乃伊就可以奔向坟墓了。所有古埃及的墓葬建筑都有一个相同之处：尸体必须放在地下寝陵中。地上建筑部分有着各种不同的式样，例如前王朝的墓葬大多就是以选在低低的石质小山下为特点的，这样可以起到双重保护作用：一则防止尸体的丢失，二则为死者家属供奉食物提供场所，因而所有后来的墓葬建筑就寻求一个可以解决双重难题的地点：如何保证尸体的安全？又如何使灵魂得到并享用供品？

第一王朝时低矮的泥砖挡土墙被砌成矩形环绕在深穴开口处的四周，这个深穴是通往寝陵的，工人将墙内的空地用碎石或砖铺满，封住通往木乃伊的道路，这种矩形的壁堡，恰如现代埃及人住房前所见的围墙一样。这样的建筑，依照阿拉伯语"围墙"一词，叫做"马斯塔巴"。古王国和中王国时期，马斯塔巴非常盛行，特别是在北部埃及，许多马斯塔巴都有两套通道和寝陵，分别给妻子和丈夫。早期式样通常在东边外墙下有两个龛壁，随着时代发展，建筑师加深靠南边两个，使它完全成为马斯塔巴的地上建筑部分，如同一个小礼拜堂，供死者亲人和卡祭司能够为死者供奉食物。

整个古王国时候的建筑师不断设计出越来越大的礼拜堂，直到最初那种单个房间变成一系列墓室充斥整个地上建筑，这些墓室排列得像一个人的房子，工匠要用浮雕装饰内墙，这些浮雕主要是刻画食物供品和死者坐在堆满面包、肉和蔬菜的供桌前的情形，日常生活起居的描写也随处可见。这种特写为灵魂提供了一个熟悉而又富足的环境，使它能在其中安居乐业。在这些结构复杂的墓室群中，工匠们雕刻了一个象征性的门，叫"假门"。假门通常设在紧挨寝陵的后墙上，是供卡自由出入礼拜堂的暗道，这样卡就可到礼拜堂中去享用供品——别忘了，卡同人一样，需要吃饭喝水的。卡雕像，即卡的备用"身体"是放在一个称为"塞尔达"的房间里，建筑师们总是不忘卡需要行动自由，通常就在塞尔达和祭祀堂之间的墙上凿一条小缝。

埃及人非常愿意在悬崖峭壁上开凿深入岩石的墓穴，这些石穴墓大小相差悬殊，大多数都有一个长长的礼拜堂。在正对门的中央龛笼中通常也有一个卡雕像，一个很深的通道从礼拜堂一直往下伸进寝陵中。精雕细刻的石穴墓附有很多饰有浮雕的房间，这些浮雕主要是一些宗教人像、神像和日常生活图景。

这样的石穴墓最早出现在古王国时期，后来成了新王国时坟墓设计的模型。在底尔—埃尔—麦地那的墓地就有一些最好的石穴墓，都有深深的地下通道延伸到盖有拱顶、饰有绘画的寝陵，整个墓的外观是个金字塔尖顶式的祭祀堂的形状。

通常说来，埃及人住在尼罗河东岸，但都把坟墓修在尼罗河下游西岸的沙漠地带。葬礼那天早上，死者将被放在一只小太阳船上驶向西天——死亡的国度，专职的哭丧队紧随其后，捶胸顿足，拉扯头发，向空中、脸上抛洒尘土，还要在沉重的哀乐声中倒地痛哭。

仆人们抬着华美的花环、食物、供品，一罐罐的水、酒和圣油，必需的祭祀器具也带来了，最重要的是：几个有盖的罐，通常这几个罐是装在一个大盘子里；一个装有祭祀用的小人像的箱子，这些小人像叫做"沙比特"（或"沙洼比特"或"巫比特"），它们是用来确保死者有一个轻松自在的来生：灵魂应该仍然从事耕作或劳动，那么他们就可以求助于"沙比特"了（意为"答应有"）。"沙比特"实质上是劳动者。为督促"沙比特"干活，富有经验的埃及人就设一个"沙比特总管"，总管的衣裙与"沙比特"不一样，手里还握着鞭子。

从新王国开始，设计得更为精细的葬礼出现了。《亡灵书》纸草卷问世。《亡灵书》是大约二百节关于在来世要克服一切艰难的说词，和对各个神的赞美诗，以及使木乃伊的那些护身符发挥魔力的咒语。《亡灵书》纸草是放在一个木盒中，盒盖上立着奥西里斯神像。

送葬队伍到达尼罗河边时，会乘坐一只精美的专供葬礼用的小船渡过河去。送葬队行程的终点是制作木乃伊的地方，在尼罗河西岸靠近墓地处，木乃伊已一切准备就绪，只等入葬。取到木乃伊以后，司葬工人就把它放到一把小滑橇上，拖进它最终的归属之地——坟墓或"卡的家"。

揭开"木乃伊"的神秘面纱

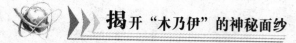

在墓的入口处有个称为"色门"的祭司开始了传统的"开口仪式",据说这样能恢复木乃伊的知觉。"色门"祭司用几个护身符轻碰木乃伊,把一个才从牛身上宰下的右蹄放到木乃伊嘴边,这个仪式在卡雕像面前重复好几次,使其能在木乃伊身上充分发挥作用。

现在木乃伊万事俱备,可以入棺了。棺材外表和制作材料,在埃及文明三千年历史长河中不断变化:各种矩形木制棺枢盛行于古王国和中王国。后来工匠们在棺木的左侧画上神圣的"何露斯之眼",还有许多祈神的祷告词,这里祭拜的神一般是奥西里斯、盖博(地神)和努特女神(天神)。如果死者很富有,他的木棺可以放进一个花岗石或方解石的容器里,这类容器就是通常所说的石棺。

埃及人开始制作木棺、石棺来配套使用是从中王国开始的,到新王国时人形木棺就代替了各种矩形木棺,外面还刻着从《亡灵书》上仿录下来的象形文字铭文的画像。棺枢可以用亚麻和一种可能叫做条石的石粉混合灰浆制成,这种材料很易成形,石棺也是从这个时候起被制成人形。到第三中间期的二十一王朝时,人形木棺上除了死者的姓名和头衔外,就少有文字了,但棺木外都刻着大量的宗教性符号。后埃及时期和托勒密时代,石匠们制作出硕大的石灰石或花岗石的石棺,许多也是人形的。

当木棺或石棺被封好放入地下寝陵时,仆役们就在墓中摆上陪葬品和宗教条柜用具,祭司们进行着最后的祷告,通往寝陵的通道铺满碎石,一切完备之后,人们关上坟墓大门,封死。墓外,仪仗队成员把注意力转移到为他们举办的宴会上,这算是对他们出席葬礼的一点报答。有酒、肉、禽、蛋,在一些更为华美的宴会上,出席者把花环套在脖子上。宴会之后,把杯盘碗碟全都砸碎,连同剩下的食物一起埋在离墓口不远的地方。

这时只剩最后一项工作没有完成了:所有制作木乃伊时的那些器具、临时包扎用的材料,都必须就近埋下。埃及完美主义的信仰要求尸体不折不扣地完整,如果这么多像尸体碎片或头发之类的东西(裹尸布)粘到这些器具上去扔掉,灵魂就无法在地下收回它们,那么死者得到永生的希望就会像肥皂泡一样破灭。当死者的家人离开墓地时,他们的思绪,毫无疑问地集中到现已长眠于地下的亲人身上，想得最多的是由死者的命运反思他们自己未来又会是什么样。

永生的梦

　　整个有生之年，埃及人就为死后的一切事情做着准备，这与中国传统观念何等相似，只不过中国人并没投入如此多的精力和心思罢了。埃及人修坟造墓，积攒来世所用的供品，但若说埃及人是沉迷于死亡，那就过于单纯甚至幼稚了，其实应该说埃及人是醉心于完美。

　　他们抱着这样一种观念：任何事，无论是装修庙宇、修筑坟墓或墙垣，还是修一座金字塔，都必须事先仔细地计划，然后彻底地施行。他们对于尸体及周围其他相关的事物加以如此大的关注，就足以证明埃及人的这种观念——不完整的东西就不好。

　　人们还认为死者既能行善，也能作恶，神奇的疾病往往被视为一个不友好的幽灵的蓄意捣乱。然而，并没有证据证明埃及人惧怕或逃避死亡，他们经常为死去的家人求神拜佛，有时也要求作古的先辈们以生者的名义代为解决一些世俗的问题。当然，在埃及历史上常发生的盗墓现象也显示了一些这样的社会因素，至少有人认为死者的灵魂没有因果报应或给人以惩罚的能力。而法老时期的铭文又确定表明埃及人对死亡的恐惧。一种常在坟墓出入口发现的铭文，简洁地表达了古人对生与死截然不同的感觉，这种铭文请求路人记住墓主并召唤他们："您啊！热爱生命，痛恨死亡！"

　　一些类似的让人稍觉反感的东西可以解释为对未知世界的恐惧，但总的说来，埃及人把死看成是生的中断，来世则是对他们现实生活环境的精确复制品。这样，他们就可以容易地揣摩出一些关于来世的东西来。但还是有些关于来世的东西埃及人理解不了却又不得不带着惊恐疑虑去细想，他们把来世看成是充满险恶的，甚至到了剥夺"卡"永生的地步。

　　如果木乃伊或墓中雕像被毁坏，如果死者的名字被遗忘，如果某些供品没有奉上，如果卡祭司忽略了他们的职责，都可能使卡终止他用一个与生命息息

揭开「木乃伊」的神秘面纱

相关的力量去发挥他的功力；更确切地说，他将面对一个永恒的不见天日的世界——无形的埋没！这是埃及人最大的恐惧。

木乃伊发掘例举

冰人"奥茨"

冰人"奥茨"是一具有5300多年历史的木乃伊，是最古老、也是至今保存最完好的木乃伊，具有相当高的科学研究价值。1991年，德国游客在意大利和奥地利边界标志——阿尔卑斯山上的冰雪里发现了这具木乃伊。正是由于阿尔卑斯山高寒气候，使这具木乃伊得以完好地保存下来。据悉，冰人奥茨死于大约公元前3300年，科学家们估计，冰人死亡时年龄约45岁。

拉美西斯

拉美西斯在生前拥有无与伦比的财富和权力。在他死后，歌颂他丰功伟绩的纪念物在埃及随处可见，包括卢克索的拉美西斯神庙和阿布·辛拜勒神庙前的巨型雕像，这倒符合拉美西斯生前的愿望：让自己的名字永远流传。所以在埃及，你几乎在每处遗址都能找到拉美西斯自己修建的纪念物。

张友邻干尸

出土于1973年的张友邻古尸是阿斯塔那（新疆地区）最为著名的一具干尸，

张友邻少袭父职，早年因平定高昌叛乱有功，被封为威远将军，后晋升为左卫大将军兼司兵部要职，为高昌最高军事将领。

贞观初年，唐朝一统全国之势必行，张友邻力主归服大唐，维护统一，但高昌王鞠文泰不听忠言，执意"阴漠凭沙"与唐朝对抗，根据记载，人们判断张友邻因此而忧愤成疾，年仅50岁，不治而亡。

这位初唐名将，身材魁梧，据测生前身达一米八，其胸、背宽厚硕大，肌肉发达，筋骨粗壮，眉宇之间至今犹存威严、刚毅之风，他的大腿明显向外侧分开，而小腿内收，当是将军戎马一生的写照，就是这样一位显赫一时的西域名将，死后并不得安宁，不知何时他的墓葬被盗，他的头颅被盗贼打断在地，这仅仅是复仇行为呢？还是为了盗取他嘴中的珍宝？

新疆古尸得以完整保存除环境干燥外，考古学家发现，其他一些辅助条件也起了重要作用，例如：很多不接触土质的古尸保存都很好；很多古尸葬在微生物无法生存的高盐沙土里而尸身不腐；在较潮湿地区深埋古尸，而在很干旱的地方，浅埋、通风不密封可使古尸毛发肌肤俱在……

扎滚鲁克男女古尸

1985年，新疆博物馆考古专家在且未县扎滚鲁克2号墓发现的一男一女古尸引起人们广泛的关注。

他们的历史均有3000年之久，其中男尸身高1.76米，圆脸、高鼻、眉毛、睫毛、胡须、胸毛俱全，头发呈褐黄色，但已花白，两根发辫间夹有红毛线假发，科学测定为欧罗巴人种；女尸身高1.60米，头上有四根发辫，左手中指套一长牛皮圈，身穿毛织长袍，缝制精细，科学测定为欧罗巴人种和蒙古人种的混合后裔，这究竟是个体差异还是黄种人和白种人混血的特征，现尚无法判定。

更令人惊异的是两具古尸脸部围绕鼻、眼、额、颧及颊区均有用雄黄、铅黄等绘成的花纹纹面，使人看上去颇具神秘色彩，这究竟是一种葬俗，还是原始宗教的象征呢？

15

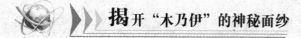

古代且末、若羌一带系羌族活动地区，古本《说文解字》载：羌从羊人也，从古尸脸部为羊角图案看，是否反映了古代扎滚鲁克人是崇拜羊的呢？在新疆纹面葬仪是否始于且末扎滚鲁克？如果不是那又是哪个民族呢？它有何代表意义呢？对以后的民族习俗、文化有无影响，至今都是个谜。

尼雅古尸

1995年，在尼雅古城出土了合葬两人，尸体保存完好，身上盖着以整贴画织锦缝连的锦被，色彩斑斓，云气瑞兽间为汉文隶书"王侯合昏千秋万岁宜于子孙"。引人遐想的是，男尸右腿上为什么有一道砍痕？他是在一次战斗中负的伤？还是恰恰由于这伤不治而亡的呢？同样费解的是，女尸右颊下部为何明显呈黑红色？是由于严重淤血造成的吗？而其颈部亦为何断裂？这种种谜团，犹如尼雅命运之谜一样令人难解难猜。

西依提萨依古尸

世无定法，有很多事物往往反其道而行之，在博州温泉县有一名为西依提萨依的古尸偏偏打破干尸形成的特有条件，成为新疆干尸一大难解之谜，此尸发现于湿润的安格里格乡南鄂托克赛尔河上游一处山洞中，其骨骼完整，表皮及肌肉除着地一小部分有所腐烂外，其他部位基本完好。

据当地牧民和有关史料记载，此人年仅十七、八岁，为清末年间追击俄国盗马贼身受重伤而亡，他死后一年，当其父看到他容貌未改，深感必有神助，因而永远将其葬于洞中，西依提萨依四周的山中长满茂盛的雪岭云杉，空气湿度很大，是一个水草丰美的牧场，这具干尸在没有任何保护设施的情况下，却保存这么完好，这是否是和考古学家开了个历史性的玩笑呢？

冰冻少女

秘鲁冰冻少女木乃伊被列为1995年《时代》杂志十大科学发现之一，这具名叫胡安妮塔的冰冻少女，是迄今发现最为著名的木乃伊尸体之一。人类学家约翰·莱因哈德和登山同伴米古尔·扎拉特发现一具大约12-14岁的女孩尸体，发现地点位于秘鲁境内马特阿马帕托火山的深坑中。这具处于冰冻状态的木乃伊尸体很显然是由1440~1450年印加牧师向天神祭祀的礼物，其冰冻状态已保存了至少500年。

马王堆一号汉墓女尸

考古学家在湖南马王堆的一号汉墓里找到了一具保存2000年而新鲜如初的神秘女尸！那具女尸包裹在6层密不透风的棺椁之中，整个墓穴可谓固若金汤。正因为这样，考古学家发现她的时候，她的外形完整无缺，全身毛发皆在，连睫毛都清晰可见，其骨组织、软组织和内脏仍保存完好，腹内甚至还存有尚未消化的甜瓜子。人们推测女尸可能是在夏天吃了甜瓜后因腹绞痛引起冠心病而猝死。但是一般尸体历经千年后，不是腐烂就是变为干尸，这具女尸为何能保存得如此完好，实在让人生疑。

"恐龙木乃伊"

英美科学家于2007年12月在美国发现一具"恐龙木乃伊"，它保存了大部分外皮组织、肌肉、肌腱乃至消化系统内的食物。恐龙要变成干尸，条件非常苛刻：在它死去之前，尸体四周需积满酸性沉积物，矿物质也要快速堆积，在机体腐坏之前保护好有机分子。

木乃伊猫

2009年4月，人们在对英国得文郡附近村庄一座老建筑物进行翻修时，意外发现建筑物的一面墙壁里有个木乃伊猫。此猫至今已有400年了，但人们仍然可以清晰的辨别出其形状，可以看到猫的爪子和牙齿。据悉，400年前在欧洲大陆，将猫放入墙壁是一种普遍的做法。

怀抱小鸟的木乃伊

2010年1月，一具4千年前的埃及木乃伊尸体接受特殊检查，与众不同的是这具木乃伊尸体中可能包裹着一只木乃伊小鸟。这具女性木乃伊被科学家们命名为"Pa-Ib"，认为她死亡时的年代大约在公元前2000年。美国考古学家称，在多数情况下，古埃及人会将死者的器官包裹起来放入木乃伊尸体中，期望死者转生后能够重新使用这些器官。然而在尸体中保存着一只小鸟，这是非常罕见的。埃及考古学家罗蕾莱·科拉兰博士称这具木乃伊尸体"异同寻常"，它就像是古埃及文明关于转生传说的一个神秘礼物！

脆弱的图坦卡蒙

2010年2月，古埃及著名的少年法老王图坦卡蒙的身世之谜得以真相大白。由埃及考古学家扎希·哈瓦斯所领导的一支考古团队通过DNA检测手段发现，图坦卡蒙是一位疾病缠身的跛脚少年，长有畸形足和颚裂。考古学家研究认为，图坦卡蒙的不幸应归咎于他的父母近亲结婚，他的父母实际上是一对亲兄妹。据悉，古埃及皇室人员面对疾病与最底层的老百姓并没有两样，他们的健康同样是非常脆弱。

古罗马木乃伊

埃及考古学家2010年4月在一处墓葬群中发现一具造型独特的女性木乃伊棺椁。这是第一次在埃及拜哈里耶绿洲发现古罗马时代的木乃伊。据负责此次挖掘工作的考古学家阿菲菲介绍，木乃伊被包裹在长约一米的石膏模型中，人物神态安详，动作自然，而且连手镯、项链等细节也清晰可见，特别是镶嵌在眼中的两颗宝石，令木乃伊看上去好像活的一样。从墓穴特征看，这具木乃伊可能要追溯到公元前31年前后，也就是罗马帝国开始统治埃及的时期。

韩国近代木乃伊

2010年5月，韩国发现一具近代木乃伊，死者为女性，距今只有500年历史。这具女尸按照朝鲜族的传统习俗埋葬，最贵重的财物在死后随她而去，包括生前最喜欢的衣服、一个手提包以及一些饰物。

研究人员认为，这位女性可能是朝鲜李朝时代一名高级政府官员的妻子，死于16世纪。对木制棺木的初步分析结果显示，埋葬方式能够说明她是一位重要人物。

娃娃木乃伊

美国费城法兰克林博物馆于2011年6月18日举办的"世界木乃伊特展"，展出来自世界各地的人类、动物木乃伊，而其中最受瞩目的，便是来自秘鲁将近6500岁的娃娃木乃伊。经由高科技仪器分析后，发现到他只是个10岁大的小孩，而且因为营养不足、缺乏维生素D与罹患肺炎而导致死亡。

揭开"木乃伊"的神秘面纱

小河美女

2011年2月18日，由中国新疆维吾尔自治区文物局和美国宾州大学博物馆联合举办的大型新疆文物展 "丝路奥秘" 在美国费城宾州大学博物馆开展。展品中最受人瞩目的是2004年在新疆小河墓地出土、距今3800多年的木乃伊——"小河美女"。据悉，"小河美女" DNA研究表明，东西方人早在距今约4000年或更早就已经发生血缘融合。

湿木乃伊

2011年3月，中国泰州附近的公路工人意外的发现了一具超过600年历史的中国 "湿木乃伊"，几个世纪后这副木乃伊残骸仍紧紧地包裹在它的被子里，躺在被淹没的棺材里，眉毛、头发、皮肤仍完好。这具衣着完整、5英尺长（1.5米）的尸体有大量奢侈品陪葬，其中包括一个玉戒指，一个银簪以及20多件明代的衣服。

古埃及公主木乃伊

2011年4月，医学专家称，一具3500多年前的古埃及公主木乃伊是已知最古老的心脏病患者，如果她生前有效地减少卡路里，并进行更多的体能锻炼，那么她将推迟木乃伊处理时间表。她的名字是雅赫摩斯·梅尔耶特·艾蒙，生活在3500年前，在世时曾享有 "月亮之女"、"受到爱戴的阿蒙神" 之称，死亡时年仅40多岁。目前，这位古埃及公主的木乃伊尸体陈列在开罗埃及博物馆内。

木乃伊狗

埃及塞加拉沙漠中的一个地下墓穴于2011年4月发现了大量木乃伊狗，数量估计多达800万只。据悉，这座地下墓穴位于12米深的地下，大约是在2500年前建造。至于这800万只木乃伊狗，它们应该是当时被用来与神交流的信物，祈求豺头人身的阿努比斯神保护亡者。除了狗之外，这里面还夹杂着一些猫和豺狼。

最古老的木乃伊重见天日

发现壁画和文字

吉萨高原金字塔群西面的墓葬群内，神秘古墓的开掘工作在摄像机前进入最后阶段。美国福克斯电视台的王牌记者波维奇和哈瓦斯博士在众多摄像机的聚焦下走进地下30米深处的墓道。

首先映入眼帘的是墓道两边墙上的许多壁画和古埃及文字。这些壁画和古埃及文字记载的是古埃及一个名叫"凯"的大祭司。壁画上的内容非常丰富：有的人像是屠夫；有的人拿着一捆布；有的人像是在跳舞。哈瓦斯博士说："今天看到的这些壁画让人感到很兴奋，很可能更让人感兴趣的东西还在后头哩！"因为凯的墓地在过去4500年间从来没有人踏入过半步。

此次发掘工作跟过去不同的是：过去，埃及的考古工作常常是探险家找数百劳工不分昼夜地乱忙一气，而现在只有经过严格训练的考古学家和专家才能在墓地里工作。由于墓地中的文物都是长时间被埋在沙土里，所以在出土后要马上给它们喷上一层特别的化学剂用于保护。一位考古学家介绍说，在过去几个月中，古墓里每天都能发现一些工艺品和石制器皿。有一天，他们开掘出一块刻有古埃及文字的石碑。碑文的内容是关于大祭司"凯"的记录。根据这一线索，哈瓦斯博士断定这个神秘的古墓应该是凯家族的墓地。

发现女性尸骨

在发现壁画和文字之后，紧接着又有了令人兴奋的发现：一具女性的尸骨。哈瓦斯博士断定她是大祭司"凯"的众多妻妾中的一位。遗骨保存得相当完整，两只手交叉放在胸前。当然，想确定女性遗骨的准确年代、身份和其他情况，还得通过X光进行研究。根据哈瓦斯博士的个人推断，这具遗骨应该有4500年的历史。

发现大祭司"凯"的墓室

在又下了一段大约10米深的通道后，哈瓦斯博士和波维奇来到了可能是凯本人的墓室的地方。空空荡荡的墓室里有一口木棺材。这口棺材有两尺高，四尺长。哈瓦斯博士在仔细研究了棺木上的古埃及文字和家庭符号后欣喜若狂地说："这就是凯本人的墓室！"

由于棺木深埋在地下30多米深处，加上沙漠地区气候干燥，所以木料在历经千年之后仍未腐烂。在搜索了棺木的四周后，哈瓦斯博士找到了两个外形如同今天啤酒杯一样的陶罐。

据说，这两个陶罐是为墓主再生时做的准备。最激动人心的时刻到了：哈瓦斯博士准备揭开木棺的盖子！里面会有什么呢？哈瓦斯博士刚刚揭开一点儿棺盖，就情不自禁地大叫了起来："木乃伊，木乃伊！这还是一个非常完好的木乃伊！"接着，他用小刷子小心翼翼地把木乃伊身上的尘土拂去。

哈瓦斯博士激动地告诉波维奇："这可能是人类迄今为止发现的最古老的木乃伊，他可能距离今天足足有4500年以上的历史。"最让人拍案惊奇的是：连包在木乃伊身上的布都是完好无损的！

心脏跳动的木乃伊

木乃伊体内有声音

21世纪初，在埃及卢索伊城郊外，人们在准备将一具刚出土的木乃伊交给国家文物部门收藏之前，对其进行初步处理时，一名参与处理工作的祭司在整理过程中发现这具木乃伊体内发出了一种奇特的有节律的声音。结果令人吃惊的是：声音是从心脏发出来的。难道是这个死者的心脏还在跳动吗？人们都难以置信，觉得这实在是不可能的。那么会不会是什么东西被藏到了这具木乃伊的心脏里了呢？因为他们还不敢去拆开那缠满白麻布的尸体进而揭开这一谜底，所以一时无法知道。于是便将这具木乃伊原封不动地运到了具有丰富经验的开罗医院。

神秘的心脏起搏器

开罗医院组织了一些经验丰富的专家对木乃伊进行了检查，然而，他们仍然无法从尸体的表面查清声音存在的原因，于是他们将缠满尸体的白麻布拆开，对尸体进行了解剖检查，最后发现尸体心脏的附近有一具黑色起搏器。

这具木乃伊已有2000多年的历史了，现在仍然跳动的起搏器引起了医生们的极大兴趣，他们利用先进的仪器对其进行了测试，发现这个起搏器是用一块含有放射性物质的黑色水晶制造的。在世界上现存的水晶中，人们从未见到过黑色的水晶，而只见过白色的和少数浅红色的或紫色的水晶。

医生可以很清楚地听到这具起搏器促使心脏跳动的声响，这个心脏起搏器

23

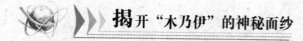

是用黑色水晶制造的。由于黑水晶含有放射性的物质，故而能够不断地促使心脏跳跃。

医生们发现，虽然这个2500年前的心脏早已干枯成为肉干，但它仍然跟随起搏器的节律跳动不止。它那"怦怦"的跳动很有节奏，每分钟跳动80次，人们可以清楚地听到。

黑色的水晶

开罗医院随后将这一重大发现公布于众，并将这个起搏器重新安放到木乃伊体内，让人们前来参观。

这一惊人的消息不仅吸引了众多的考古学家，大批电子学家也对其产生了兴趣，他们从世界各地纷纷赶到开罗医院，对这具身藏心脏起搏器的木乃伊进行参观、探究。大家都对这个神秘的起搏器叹为观止，同时，人们也都提出了这个黑色的水晶来自何方的问题。

在2500多年前能懂得黑水晶含有放射性的物质并可以使心脏保持跳动的是些什么人呢？另外人们又提出，作为协助心脏工作的心脏起搏器，一定是在人活着的时候被安放到人体内的。那么在古埃及落后的医学条件下，当时的人们又是如何将如此先进的起搏器放入人的胸腔里去的呢？

专家们在这一系列难题面前陷入了深深的思考。有人认为，在文化发达的古埃及可能存在过一些具有特殊能力的术士，这一历史奇迹就是这些术士利用奇异的手段创造出来的。那么，这个黑色的水晶起搏器是由什么人制造并植入人体内，它到底来自何处呢？这个难解之谜只能留待后人来解开了。

谁也不知道这块黑水晶是从什么地方找到的，因为现在找到的水晶大多是白色的，只有少数是浅红色或紫色的，至于黑色水晶则从未发现过。另外，即使古埃及有些人懂得黑水晶含有放射性的物质，可以使心脏保持跳动，但他们又是如何把它放进胸腔里的呢？

木乃伊留给人们太多的谜。

圣比兹木乃伊

中世纪的大秘密

一具中世纪的木乃伊叫圣比兹木乃伊。它所讲述的是异教徒的战争，它悲惨的死亡方式撼动了英格兰。英格兰的医生伊恩·麦克安德鲁说这具木乃伊在被发现时不仅完整而且柔软。人们可以晃动它的胳膊，蜷起它的手指。

圣比兹木乃伊发现于位于英格兰西海岸的小山村圣比兹。圣比兹保留了许多北欧海盗的遗物，那里是历史爱好者的圣地。1981年，考古学家在一座12世纪的修道院附近，挖出了一个中世纪的大秘密：一口铅质棺材。

从它的状态判断，它已经有700年的历史。英格兰兰开斯特大学研究员约翰·托德博士说："起初，大家都以为棺材里面是一具骸骨，因为以往发现的中世纪的棺材里只有骸骨。"

人们用电锯把棺材锯开。棺材被打开以后，人们发现了一个人形的包裹。当包裹被打开，那具尸体完全呈现在人们面前时，大家都惊呆了。因为它保存得非常完整。英格兰的伊恩·麦克安德鲁医生说："大概就是看上去好像是柏油的那种东西把尸体封住了……"

尸体用亚麻布紧紧地包裹，并且被一种黏稠的棕色物质密封着。这种物质从外观上看，像是一种类似柏油的物质。后经化验分析知道，实际上，这种物质是蜂蜡。埃及人在公元前1000年左右就开始用它制作木乃伊。他们相信蜜蜂有一种神奇的力量，能够保护和延长生命。

十字军骑士

在当地一家医院里，法医小组小心地揭开了裹尸布，开始研究这个神秘的木乃伊。很快研究人员查出了他的死因，他的下颚裂成了两半，右边的肋骨断了几根，右侧的肺叶也受了伤，还出了血，死时，这些血都还没有凝固。在中世纪，通常只有从马背上摔下来或者参加战斗的人才会留下这样的伤痕。

这个判断缩小了识别这具木乃伊身份的范围。调查人员根据一些资料推测他可能是当地一位名叫安东尼·德·鲁西的贵族。他曾和日耳曼骑士并肩作战，并于1368年战死在波兰。兰开斯特大学的研究员约翰·托德博士说："他也许死在国外，但是尸体必须运回英格兰安葬。"为了便于运送，人们在尸体上封上了蜂蜡和铅。研究者认为这些措施只是为了把他的尸体保存一段时间，好运回祖国安葬，但是却无意中将他制成了木乃伊。

圣比兹的木乃伊的贡献在于使科学家们有机会研究700年前的十字军骑士。因此，圣比兹木乃伊留名青史。

图坦卡蒙法老木乃伊

对图坦卡蒙的X光透视

1922年11月6日，英国考古学家霍华德·卡特向外界宣布，他在埃及的帝王谷找到了图坦卡蒙的陵墓，这是一座封存完好的雄伟陵墓。

据史料记载，图坦卡蒙国王统治距今大约3300年前的埃及。他9岁继位，死时据估计年仅18岁。

　　放置在CT扫描仪下时，图坦卡蒙的面部轮廓，乃至脚趾、手指都清晰可见。整个扫描过程持续了大约15分钟，共拍下约1700幅扫描图像。埃及古文物最高管理委员会秘书长扎希·哈瓦斯告诉记者："关于他（图坦卡蒙）的死因和年龄，有着太多的神秘故事，今天我们就将查出，当时到底发生了什么。"

　　36年前，考古人员曾利用简单的X光对图坦卡蒙木乃伊进行过一次透视，当时发现，他的颅内有骨头碎片，考古学家据此猜测这位少年法老可能死于严重的头部撞击。而且从墓穴观察来看，有"匆忙下葬"的迹象，表明他的死亡可能十分突然。哈瓦斯说，由于当年的X光透视不像现在的CT扫描这么复杂先进，尚不能确定头部的骨头碎片是否系重击所致。相比之下，CT扫描可以提供碎骨片以及覆盖在木乃伊表面的细微三维视图。

　　图特死的时候不过18岁，对一向是锦衣玉食，享受着最好的营养和医疗看护的古埃及法老们来说，这个死亡年龄太早了。并且，他的父亲当政时是一位备受争议和嫉恨的国王，从这一点来说，图特很容易惹上麻烦。而从墓穴内的情形来看，他的死亡是很突然的——墓穴又窄又小，好像还没有修好就匆匆下葬的样子。

图特的死因

　　所有种种疑点令人们不禁推测图特可能是被谋杀致死的。

　　疑点一：墓穴规模不恢弘，木乃伊制作奇特

　　英国考古学家霍华德·卡特所发现的图特墓是一个与众不同的墓穴。其不够恢弘的规模看起来好像不是为王族准备的，而且装饰也很潦草，墓穴四壁的壁画上泼溅了许多颜料，也没有人去擦拭干净。而一些让世人瞩目的陪葬古董其实并不是图特自己的日常用品，因为考古发现，这些古董上本刻着别人的名字，图特的名字是在把原有名字擦去后临时加上去的。而制作木乃伊的过程也不是像其他法老一样慢慢用防腐香料浸体，而是将成桶的防腐香料倒在木乃伊上。这究竟

揭开"木乃伊"的神秘面纱

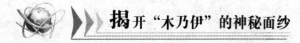

是当时下葬仪式的一部分，还是试图掩盖真相的拙劣行为？

疑点二：X光透视显示曾受致命打击

为了揭开图特死亡之谜，考古学家卡特本人于1925年对尸体进行了解剖研究。事实证明，与其说卡特是在解剖不如说是屠宰，因为尸体被移出石棺时遭到了部分破坏。把图特尸体的每个部位都挨个检查过之后，第一位解剖师卡特没发现什么可疑之处。然而，40年多后，事件又有了新进展。1968年，英国利物浦大学的研究人员在获准给木乃伊进行X光透视后，发现在死者的脑腔中有一块曾移位的骨头，而在后脑勺处有一片颇似血凝块的阴影，所有迹象都表明图特的脑后部曾受到过致命的打击。

谁谋杀了18岁的图坦卡蒙？

虽然发现了许多疑点，但两位警探认为，古代的罪犯跟现代罪犯一样，同样需要作案的动机、手段和机会。根据这一犯罪学原理，库珀他们将整个埃及帝国的人都扫视了一遍，目标最终锁定在图特王朝内部，瞄准了四个嫌疑犯：司库马亚、军队统帅霍朗赫布、其妻安克姗娜门和宰相阿伊。

嫌疑人一：司库马亚

经过进一步研究，马亚很快被排除。尽管当司库让他有机会与图特亲密接触，他具备作案的手段和机会，却缺乏动机。图特墓中有一件礼物是马亚送的，从中可看出他真心为这位年轻国王的死感到难过。并且，在图特下葬后不久他的墓穴曾被偷盗过，是马亚下令将它重修和重新封合。另外一个重要原因是，马亚谋杀国王得到的好处最少，因为他在下一届王朝中升职的几率最低。

嫌疑人二：军队统帅霍朗赫布

霍朗赫布这个人就比较棘手。根据库珀和金的研究，这位军队统帅跟图特相处的时间很长。他常常教图特狩猎、驾驶战车，这些活动都提供了谋划一次事故的充足机会。如果图特真的是死在路上，尸体在霍朗赫布运回之前就可能腐烂了。这一点倒可以解释为何木乃伊上额外倒了好多防腐香料。

霍朗赫布弑君的最可能的动机是自己篡权登上王位，要做到这一点对手中掌握军权的他并不难。但是，事实是，图特死后，霍朗赫布还是当着军队统帅。库珀分析说："如果霍朗赫布想当法老的话，是完全可以当上的。"

嫌疑人三：其妻安克姗娜门

图特的妻子安克姗娜门最终也被排除了。在当时的社会状况下，法老的妻子是不可能在丈夫死后继位的。她的动机可能是篡位，也可能是希望有继承人。在图特的墓穴中还发现了两具胎儿木乃伊。据推断，两个死胎都是图特和妻子所生的女儿，死亡原因是早产或死胎。如果图特没有能力繁衍健康的后代，安克姗娜门很可能希望他出局，而自己可以跟能够令她生健康孩子的人结婚。

但是，库珀和金经过研究确信安克姗娜门和图特是一对亲密的夫妻。他们有血缘关系，而且从小青梅竹马。图特墓穴中的壁画将他俩描绘成一对恩爱的夫妻，而两个胎儿也被制成木乃伊的举动在两位专家看来也是家庭和睦的象征。

嫌疑人四：宰相艾

最后就剩下宰相阿伊了。图特父亲在位时，他就是宰相，后来辅佐9岁的小图特登基，实际上一直在执掌国家大权，而且深得图特的信任。阿伊的杀人动机可能是觊觎法老的宝座，而在图特死后他也确实当上了下一任法老。图特墓中壁画上有阿伊主持图特葬礼仪式的内容，而当时有权主持这一仪式的是确定有继承权的人。

还有一个证据对阿伊不利。一份由楔形文字写成的文件称，希泰国王（在今土耳其境内）曾收到一封未署名的埃及国王遗孀写来的信，信中请求国王派他的某个儿子南下与她结婚，否则她担心自己会被迫下嫁自己的"仆人"。在贵为王后的安克姗娜门眼里，阿伊不过是一个仆人。一些学者，包括库珀和金，相信一枚刻有安克姗娜门和阿伊名字的戒指表明这两人确实结婚了，而这一举动最终使阿伊成为合法化法老。

随着科考人员的研究，这位法老的死因定会水落石出。

揭开"木乃伊"的神秘面纱

29

寻宝者心中的圣地

早在卡特开始寻找这位法老的陵墓之前，尼罗河畔的这个古老国家便已是寻宝者心目中的圣地了。所有人都怀着同样的激情——他们要找到法老的宝藏。整个帝王谷已被全面挖掘，细细搜索了一遍，有数十座陵墓出土。

但是，陵墓中的宝贝早就不见了，没有人相信，山谷中还隐藏着尚未被发现的墓葬。当时的考古学家认为，帝王谷的发掘工作已进行得很彻底了，几乎所有的法老陵墓都已被找到。但在卡特的心里，图坦卡蒙陵墓仍是一个谜。

寻找失落的宝藏

雄心勃勃的卡特梦想着指挥大规模的挖掘项目，苦于没有足够的资金。要实现梦想，他必须找到资助人。在离伦敦不远的海克力尔堡，他找到了这样一个人。和100年前的许多贵族一样，富有的卡纳封伯爵也把考古学当做一项迷人的消遣，他决定为卡特出资、去寻找失落的宝藏。

经过整整六季的挖掘，1922年11月6日，卡特给卡纳封伯爵发出了一封著名的电报：终于在帝王谷有了重大发现。一座封存完好的壮观陵墓，等待着你亲自前来开启。恭喜。

附近的居民都兴奋地关注着这座陵墓，关于墓中的黄金和珠宝，流传着各种离奇的故事。早在这座陵墓的秘密被揭开之前，关于图坦卡蒙和他的奇珍异宝就有着很多传说。

1923年2月，世界期待着密封的墓室被开启的那一刻。陵墓外面，聚集了来自全球各地的宾客。墓中的气氛紧张到了极点，卡特已经站在了法老长眠的墓室门前。

不曾停止的流言

根据官方的说法，卡特在举行开启仪式时是第一次看到这位法老的黄金墓穴内部。然而很多人认为，这位考古学家事先已经偷偷进入过墓室。直到今天，这类谣言依然存在。那么，这位考古学家是否曾与卡纳封伯爵密谋将图坦卡蒙的部分宝藏据为己有？卡纳封伯爵和他雇用的寻宝人是否做过与盗墓人一样的勾当？

在隆重的墓室开启仪式上，现场使用了一个木制的平台，这引起了公众的怀疑。卡特是不是隐瞒了什么？

这种奇怪的构造是不是为了遮掩这位执着的考古学家自己开启墓室的痕迹？有谣传说，陵墓的发现人在开启仪式举行前两个多月，就曾偷偷潜入过墓室。

一直有人怀疑，卡特和卡纳封伯爵私自侵吞了法老的部分珠宝。

流言蜚语的源头之一是卡纳封异母兄弟的日记。但即便是他所谓的"真实故事"，也只不过是道听途说，尽管他宣称这些故事来自伊芙林和伯爵本人，但仍有人认为，这只是他编造出来的。挖掘小组的一名成员也曾声称，早在开启仪式前，他就在卡特家中看到过墓中的遗物。

也有人假设，在挖掘过程中，工人们推进的深度是不是比最初设想的更深了一些？他们在墓室的门上打了一个洞，后来又由卡特亲手用砖块堵住，重新密封。据说，他曾向一位密友吐露过这件事。这条通道沿着黄金椁室的墙壁，通过墙上的一个洞，进入著名的图坦卡蒙藏宝库。

还有人怀疑卡纳封伯爵为这次昂贵的寻宝行动提供了资金，会不会认为宝藏理应归他所有？

但是，卡纳封没机会用他发现的宝藏光宗耀祖了。如此重大的发现必须要移交给埃及政府，卡纳封伯爵只能是空手而归。陵墓开启仅几周后，卡纳封伯爵去世，他的去世在世界各地成了头条新闻。

揭开"木乃伊"的神秘面纱

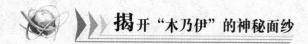

他不慎将被蚊子叮咬的部位刮破，结果伤口受到感染，他开始发高烧，很快又演变成了肺炎。身体状况一向不佳的卡纳封日渐虚弱，不久便去世了。

各种谣传和非议一直伴随着伟大的发现者卡特的后半生。

媒体开始肆无忌惮地臆测，为了逃避，卡特躲进了孤寂的陵墓里。他把全部的精力投入了接下来的工作，不敢有丝毫的怠慢。

工作过程中，他们找到了近150件陪葬品。围绕在木乃伊四周的金银财宝超过了以往任何一次发现。或许从没有哪位君王生前佩戴过这么多珍贵的装饰品。陪伴图坦卡蒙前往众神国度的物品，现在都被安放在开罗埃及博物馆的展示柜里。

陪葬物品填满了陵墓各个角落，确保法老来世继续享受皇家生活，并保佑他免遭危险。虽然找到了数百件珠宝，但卡特依据古代记录估计，多达60%的物品都已被盗墓人偷走了。

霍华德·卡特投入自己的一生寻找一位被遗忘的法老，他给世界带来的是最令人惊叹的考古发现。关于这批珍宝，至今仍流传着种种猜测，这其中的事实与传说惟有时间能够分辨。

相关链接

谁否私吞了图坦卡蒙的戒指？

有人怀疑卡特私吞了一枚珍贵的戒指，但没有找到任何线索。卡特去世以后，有人在他的家中发现了一枚戒指。在开罗博物馆的宝库中，扎西·哈瓦斯正在寻找这枚戒指。扎西·哈瓦斯长期以来一直在进行非法买卖法老珍宝的案件的追查工作，他本身也是一名学者。

扎西·哈瓦斯和博物馆馆长需要查看这枚戒指的相关记录。两位学者检索了博物馆的档案资料，显然，埃及前任国王法鲁克的收藏品中，有一枚来自图坦卡蒙陵墓的戒指。在1952年被推翻前不久，这位国王将自己的藏品都捐给了博物馆。

在皇室之间，互赠贵重礼物是常有的事，因此有人认为，卡纳封伯爵本人曾将图坦卡蒙的一些陪葬品赠与法鲁克的父亲。

直到今天，法鲁克的部分珍藏仍存放在博物馆地下室中的一个简陋木箱里。不过，扎西·哈瓦斯确实找到了刻有图坦卡蒙印章的戒指，可是，这枚戒指怎么会成为国王的收藏品呢？

哈瓦斯说：“卡特的侄女找到了这枚戒指，她非常震惊，这件事让她很不愉快，于是，她把戒指送给了埃及政府。法鲁克国王收下之后，又归还给了开罗博物馆。法老陪葬品中的确有一枚图章戒指，但法鲁克木箱里的这一枚只是一件仿制品。一模一样的真戒指现已下落不明，但人们普遍相信它确实存在。关于这枚戒指的故事，至今仍是一个谜。

神秘的法老咒语

法老的稀世之美

相传图坦卡蒙法老本非王族出身，只因具有稀世之美，被法老的公主看中，选为驸马，后来才继承王位。但因为他加冕之时尚不满18岁，只得与老臣阿伊共执国政，可是，正当他光彩照人，权力日加之时，却在18岁突然暴死。年轻的王后悲痛欲绝，决定以最盛大的仪式厚葬其夫，使其极尽哀荣。多少时代以来，人们一直传说图坦卡蒙墓的富丽豪华。然而盗墓者们走遍“王墓之谷”，始终没能发现图坦卡蒙法老墓室踪影。

传说，在图坦卡蒙法老神秘的死去之后，年轻的王后难耐寂寞，给远在西亚的赫梯王写了一封信，请求他选一位年轻美貌的王子前来成婚，执政王权。可赫梯王子在赴埃及途中却遭遇到伏击，被人杀死。最后老臣阿伊登基称王，年轻的王后则不知所终。人们说，图坦卡蒙法老和王后都死得不明不白，他们的墓室是否得以保存，本身就很值得怀疑。

1916年，两位英国考古学家卡特和卡纳封伯爵一起来到图坦卡蒙法老陵墓的所在地，开始了艰巨的挖掘工作。

1年时间过去了，他们没找到陵墓的准确位置。2年过去了，考古学家还是没有收获，卡特和卡纳封带领几名助手不停地挖啊挖，一直挖了6年。

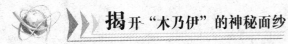

揭开"木乃伊"的神秘面纱

经过6年的辛苦劳动，他们用锄头、镐、锹和小筐挖掘运走了几十万吨的沙子和石块，终于在第7个年头的1922年，找到了图坦卡蒙王陵的入口。

考古队顺着漆黑的甬道盘旋而下，来到一扇大门前。这时，卡纳封像是看到了什么可怕的东西，忙接过助手的火把一照，不觉大吃一惊，原来门边的墙上画着一只狼和九个囚犯的图案，狼狰狞可怖，囚犯面目可憎。再把火把照向那扇大门，发现门上存有封泥和印章，这下唤起了大家极大的期望，此前没有人进入过陵墓。

于是大家小心翼翼地打开那扇沉重的大门，走过一条10米来长的狭而倾斜的墓道，来到第二扇大门，卡特手持探棒在那神秘的墓门上捅开了一个小洞，先伸进一支蜡烛，然后又将头伸进去，在他身后的卡纳封伯爵和几位助手都急不可耐的连声催问："看见了什么没有？"卡特久久没有回答，过了好一会他把头缩回来，定了定神说："我看见了，美妙绝伦。"

图坦卡蒙墓确实美妙绝伦。当人们小心翼翼打开幕门进入前室的时候，只见门槛上散落着朵朵鲜花，花瓣依旧鲜嫩，似乎还是刚刚撒下；油灯灯罩衬有新鲜的煤黑，似乎才刚刚熄灭。整个墓室的宁静气氛，仿佛在提示人们，葬礼只是昨天举行，而法老也是刚刚睡熟。

许多年来，人们所发现的法老古墓，都是几经洗劫而残缺不全的。只有在图坦卡蒙法老墓内，人们才第一次领略到古埃及法老的葬礼文化：葬礼、葬服、前所未见的古代埃及工艺品及陈列的次序、规模等等。堆积如山的箱、匣、柜和各种家具，包罗了人世间一切实用的和观赏的华贵物品。

他们井然有序地陈列在墓室里、每一件都是贴金、镶玉、绘彩、嵌宝的。不仅整个墓室富丽堂皇、穷奢极欲，令人惊叹不已，而且它能揭示的古埃及人的生活习惯、方式和文化水平更使历史学家欣喜若狂。此墓发掘之后，仅为清理其中的物品就花了10年时间！足见墓中珍宝的丰富。

在整个王墓的发掘和清理过程中，人们不由得对这座王墓的主人——早夭的图坦卡蒙法老产生了兴趣。与其人同样大小的乌木塑像，细腻传神的浮雕和壁画，一次又一次地介绍人们认识这位年轻的国王，他是那么俊美、勇敢和健壮，在狩猎场上的身影充满了朝气和活力，在庭院楼台上与王后形影不离又表现了那么多柔情蜜意。

环顾整个墓室内的陈设安排，无一处不周到，无一处不妥帖，凝聚了年轻的王后多少遗爱，多少哀思。

整个王墓分前室、耳房、库房和墓室四间。墓室里没有放置多余的家具，却由一座硕大无比的贴金木龛隔出了一个室中之室。

贴金木龛的表面为这个室中之室筑起四面灿烂耀眼的黄金之墙，而在金壁之下又放置着一具略小的四层木龛，每层之间都填满了奇珍异宝。木龛上镶嵌着各种宝石，雕刻着古代埃及的象形文字，据推测这是祝愿死者安息的经文。四层木龛里放着一具巨大、庄严的石椁，仅它的花岗岩盖子就有2吨重。打开棺盖，使人惊叹不已的是一具人形的贴金木棺，而最后一层人形木棺更令人拍案叫绝，原来竟是一整块黄金锻打而成，最厚的地方足足有3厘米。这神秘的、一层层的棺木中究竟包藏了多少令人惊奇的东西？

纯金的棺木被掀开了，人们终于看到了法老的木乃伊。裹着亚麻布的尸体涂满了香料和油脂，可木乃伊的头上却齐肩罩着真金面具，黑宝石的眼睛里闪耀着迷人的光芒。整个面具制作的如此精巧、华丽、动人，使人难以相信他竟是出自公元前1000年之前古代工匠之手。移去金面具，除去一层又一层亚麻布，取下无数的护身符、项链、手镯、戒指和耳环，终于只剩下最后一层亚麻布……这位当年目如明星、唇如施朱、具有绝世之貌的美少年如今的面目究竟如何呢？是风采依然，还是面目全非？

最后一层亚麻布揭开了，人们不禁大惊失色。法老的绝世美貌虽然依稀可见，但他脸上靠近左耳垂的地方却赫然有一道深深的、致命的伤痕！法老果然未得善终。想起关于年轻国王与王后暴死的传说，人们不禁要问，这里面难道隐含着一个不为人知的阴谋？

可怕的咒语

在古埃及人眼里，巫术的威力是巨大的，当然它必须借助于咒文来完成。古埃及人不分富贵贫贱，一律在墓室里留有咒文，以防后人干扰。

揭开"木乃伊"的神秘面纱

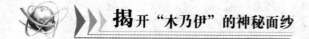

法老们采用金字塔铭文或其他墓室铭文的形式施行巫术。当卡特博士挖开图坦卡蒙王陵进入墓穴时，就发现墓穴的入口处贴着一条十分可怕的咒语："死神奥西里斯的使者亚努比斯，将会用死亡的翅膀接触侵扰法老王安眠的人。"

在另外的一尊神像上，他又见到了这样一段文字："与沙漠的酷热相配合而迫使盗墓贼逃之夭夭并专司保卫图坦卡蒙陵墓之职者正是我。"卡特和他的合作者卡纳封伯爵见了咒语相视一笑，对于古代君主的这种恐吓，他们并不在意。然而，谁也没预料到，此后厄运和灾难会接连不断的在卡特博士周围降临。

神秘的死亡

首先是为发掘图坦卡蒙陵墓出巨额投资的卡特的合作者卡纳封伯爵。有一天，他正要步入图坦卡蒙陵墓大门的时候，忽然被蚊虫叮蜇了一下，左边面颊感到稍稍有些疼痛，等他回到住所之后，脸颊上被叮蜇的地方，逐渐有一个肿块。后来那个肿块越来越大，也越来越疼，在一次刮胡须时，虽然他格外小心，却还是神不知鬼不觉地让刀片割破了肿块，流得满脸是血。

谁料这个不起眼的刮伤，竟然导致了败血症，威胁到了他的生命，当卡纳封被人送到开罗医院时，正发着高烧。在住院期间，他时常产生幻觉，嘴里呓语着"图坦卡蒙……"、"法老王……"、"饶恕我……"之类的呓语。

一天夜里，在病房里陪侍他的护士，突然听到卡纳封放大了嗓音喊道："我现在完了。我已经听到他的呼唤声了……"在这个突如其来的呼喊之后不久，大约在当地时间凌晨2时，开罗突然发生了原因不明的停电，病房里的电灯黑了整整5分钟。护士忙着去找蜡烛。等到电灯重新放亮，匆忙赶回病房的护士再看病床上的卡纳封伯爵，他早已停止了呼吸，脸上的表情十分恐怖，好像临死前他见到了什么可怕的事情。

事后人们发现，卡纳封伯爵被蚊虫叮蜇的肿块部位，跟图坦卡蒙法老脸上那道深深的伤痕的位置完全相同。

卡纳封伯爵死后6个月，他同父异母的兄弟，奥布里·赫巴德上校，因为"精神分裂症"而自杀身亡。他曾经走进过图坦卡蒙的陵墓。

在埃及开罗医院，曾经服侍照料过卡纳封伯爵的那位护士，很快原因不明地离开了这个世界。

南非一位叫威尔夫·尤埃尔的人在参观了图坦卡蒙王陵挖掘现场以及法老的黄金面具后，乘上一艘豪华游艇，航行在风平浪静的尼罗河上，忽然，他莫名奇妙地从甲板上跌落河中，当场溺死。

1个月后，参观了图坦卡蒙王陵的美国铁路大王杰艾·格鲁德，在回到美国后不久，因肺炎猝死。

曾经是考古工作队的骨干、卡特的得力助手的亚博·麦斯，在发掘图坦卡蒙时直接从事挖掘工作，在陵墓掘开以后不到3年时间，染上肺病不幸去世，年仅52岁。

同为考古队的骨干、卡特的助手，理查·凡塞尔，年仅45岁便猝然死亡，病因一直不明。

另一位考古队员，卡特的得力助手麦克，年富力强，平时从未生过病，却在家中突然死亡，死因不明。麦克当时刚过30岁。

有一个美国的新闻记者得知这些事情后，十分好奇，决定探明究竟，可是当他用X射线来透视图坦卡蒙王的木乃伊时，突然窒息死亡。

一位也是用X光检查图坦卡蒙王的木乃伊的亚奇波尔特·里德教授，在此项工作开始数天后，全身发高烧，回到英国之后很快宣告死亡。

以后，卡纳封伯爵的妻子，亚米尔纳的母亲伊丽莎白夫人，也猝然去世。据说也是被一只不明的蚊虫叮蜇而死。

相继死亡的是卡特博士的另一名助手里德·皮切尔，有一天晚上在睡觉的时候，竟然毫无知觉地死了。而且在皮切尔离奇死亡之后不久，皮切尔的父亲也不知何因从八楼的公寓跳楼自杀。在出葬那天，灵车又压死了一个8岁小孩。

此外，曾经直接接触过图坦卡蒙木乃伊的道格拉斯·里德博士、发现刻有"图坦卡蒙"字样的水瓶的某学者，以及当时参与发掘或是进行调查的专家和学者，在短期内也纷纷神秘死亡。这些专家学者的人数达到17人。

接连的死亡，让人们对"图坦卡蒙咒语"谈之色变，可是就有人不信邪，就在与图坦卡蒙王陵有关系的人先后猝死时，有个叫阿瑟·美斯的教授和另一个

37

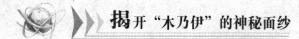

叫爱普林·霍瓦伊特的博士自告奋勇，愿与失去了助手的卡特博士合作，对王陵继续进行深入研究。但是，他们也未能摆脱厄运：美斯教授进入安置图坦卡蒙王棺椁的房间时，突然全身瘫软，倒在地上不省人事，不久就停止呼吸；霍瓦伊特博士从图坦卡蒙王的棺椁房一出来，顿时感到浑身不适，此后几天他一直精神恍惚，有一天他突然告诉同事们说："我已经看过法老王的木乃伊，同时也受到了法老王的诅咒，我是个将要死亡的人，所以必须要消失在这个世界上。"不久，他就自杀身亡了。

从发掘图坦卡蒙王陵，取出木乃伊后的3年3个月期间，涉及陵墓的有关人员中，共有22人先后神秘死亡。牺牲者均为学者、政府官员、欧美人。令人奇怪的是，同样参加过掘墓并触碰过墓中物品的当地埃及人都安然无恙，无一人死亡。

无法成立的推测

究竟应该如何解释这些现象呢？是偶然的巧合，或真是法老的诅咒？卡特博士是个无神论者，他始终认为所谓诅咒一说纯属迷信。事实上，卡特作为考古队的头头，应该是诅咒的主犯，可他却能在陵墓的挖掘工作结束后16年以65岁高龄去世，根本没被毒咒所害。卡特为什么能够逃脱"图坦卡蒙咒语"的报复，能够得到法老王的宽恕呢？人们对此众说纷纭，莫衷一是。

然而，卡特本人虽然平安无事，但他最宠爱的一只金丝鸟，被一条来路不明的眼镜蛇给咬死，他最喜欢的女儿依布琳·卡特，却上吊自杀了。

依布琳·卡特在自杀之前，亲笔写下了一封谜一般的遗书，上边有"我再也无法忍受诅咒对我的惩罚了"的字样。依布琳·卡特曾经随他父亲卡特一起，最先踏进了图坦卡蒙的陵墓。为了破除"图坦卡蒙咒语"的迷信，科学家们无数次尝试用科学给予合理的解释。

有人认为，那些不幸的死亡者，是由于受到眼镜蛇、蝎子、毒蚊之类的毒虫叮蜇之后造成的。然而，事实上，除了卡纳封伯爵夫妇被"某种蚊虫"叮蜇之外，在其他死者的身体各部位，都没有那些科学家所说的被叮蜇过的痕迹，因此，这种说法不能成立。

有人猜测，可能是法老为了防止盗墓，特地在安置棺木的房间砖石上各个角落涂上毒剂。但是，后来经过人们的仔细搜查，根本没有发现任何毒剂。如果陵墓中真有毒剂，那么当时参与挖掘工作的埃及人都安然无恙，却又如何解释呢？

有人认为陵墓中有某种放射性物质，但同样道理埃及工人为什么没受到辐射伤害呢？

有人认为那些死亡的人是得了类似洞穴考古学家们经常患的那种特殊病症。据查，那种疾病的病原体，通常都生存在蝙蝠的肠子内，随粪便排出，人沾染上了他，很容易发生猝死现象。然而，这种假设，很快又被推翻。被密封了3000年之久的图坦卡蒙陵墓里连半只蝙蝠都没有。

有人说那些人的猝然离世，很可能是挖掘陵墓时吸入了石粉，引起了硅肺。而这种现象，也只发生在卡特的助手亚博·麦斯身上，那些来参观的人，是根本不会吸入石粉的。

还有更加神秘的推测，说古埃及的王室为了守护图坦卡蒙的坟墓，从古代起就有"暗杀团"，一直传到当时，专门报复侵扰法老的人。这更显得荒诞离奇，依然带着神秘色彩，根本不可信。

开罗大学伊瑟门·塔亚博士认为，木乃伊体内存在着一种曲霉细菌，感染者将导致呼吸系统发炎，皮肤上出现红斑，最后因呼吸困难而死亡。但因呼吸系统发炎引起死亡的并不多，何况同样接触木乃伊的埃及工人为什么不会感染那种细菌呢？

以后，所有对这一连串怪异事件试图以科学方法解释的科学家，最后均告失败。

当时美国的《纽约时报》，曾就此发表评论："如果把'图坦卡蒙咒语'称为迷信，也许不太过分。但他巧合的有些神秘，让你不能不联想到鬼魂显灵。"

图坦卡蒙咒语的惩罚

事实上，"图坦卡蒙咒语"不仅仅惩罚了那些直接参与挖掘陵墓的人，还惩罚了那些间接参与的人。

揭开"木乃伊"的神秘面纱

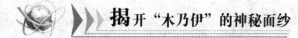

有一年，法国巴黎要举办"图坦卡蒙陵墓出土文物展"，当时埃及政府的文物官员穆罕穆德·伊布兰姆坚决反对把这些国宝带出埃及本土，后来他对抗不过本国政府高级官员的决定，勉强同意把包括图坦卡蒙的黄金面具在内的出土文物运往巴黎展览。展览会在巴黎开幕没几天，他的女儿突遭车祸。过不多久，他本人也惨遭车祸，3天后，死在医院的病床上。

几年以后，在英国伦敦也举办了一次"埃及文物展"，积极筹办这次展览会的加麦尔·美佛列兹博士，是一个彻底的无神论者，他对所谓的"图坦卡蒙咒语"毫无顾忌，并且他对自己的身体健康状况也充满自信。然而，当他在同意在伦敦举办展览的协议书上签字以后，不足一个星期，便猝死在家中，病因依然还是不清。

事情并没有因此而结束，在伦敦举办展览会期间，英国的两位飞行员均因心脏病而死亡，他们执行了把图坦卡蒙的黄金面具及法老的其他遗物空运到伦敦的任务。

不容忽视的问题是，在执行那次空运任务之前，这两位飞行员还接受过体格检查，身体状况完全符合健康标准，心脏根本没发现毛病。令人费解的是，他们都是在空运任务刚刚结束，生命即告终的。

进行这趟空运，是军方的秘密任务。机上人员，除了被告知将要运送极为重要的物品，别的情况一概不知道，然而，即使如此，毫不知情的飞行员也逃不过"诅咒的复仇"。

这个谜，不久之后便解开了。机组人员之一的布莱安·兰法菲德中士，当时提供了如下情况："那次执行空运任务非常顺利，在飞机上，我们一面喝酒，一面打牌消遣。事后我才想起来，原来我们飞机上当桌子用的是装有图坦卡蒙木乃伊的棺木，而且我们曾经轮流坐在装有黄金面具的箱子上……"

布莱安·兰法菲德中士，在4年以后，因心脏病而猝死。

1965年，"图坦卡蒙展"在日本举行，没有发生意外事件。然而，当以后在美国旧金山展出时，担任黄金面具警卫工作的乔治·拉布希警官，在执行警务时因心脏病发作而住院，险些丧命。这位警官是埃及血统的美国人。有人说，乔治·布拉希警官之所以没因心脏病猝死，大约就是因为它的埃及血统。这个警官曾经对他的那次病倒有过如下说明："站在那个面具前头，似乎总有某种东西在背后凝视着你，令你浑身发冷，恐惧不安……当时，我实在坚持不下去了，渐渐觉得精神不支，胸口疼痛，腿脚一软，以后我就不省人事，被人抬进了医院。"

以后，有人企图撰写有关"图坦卡蒙咒语"事件小说，也遭遇了莫名其妙的猝死；有人将此事搬上舞台、搬上银幕，也相继发生了令人生疑的事情。

"法老咒语效应"不单在图坦卡蒙法老身上显灵，而且在其他法老和木乃伊身上也显灵。直到1973年仍有12名来自波兰的人类学家在打开另一座法老墓穴后全部死掉。

1912年4月15日，首航北美途中的英国型豪华旅游客轮"泰坦尼克"号，在航行致新凡岛的外岛时，不幸遇难沉没，1500多人遇难和失踪。对造成这一震惊世界海难事件的原因，曾一度众说纷纭。有"冰山碰撞"说，有"船体结构错误"说，有"钢板质量不符要求"说，还有"遇上了UFO"说，但人们万万没想到，它的沉没居然还会与埃及木乃伊的诅咒有关。

公元1900年，一群考古学者在埃及古墓中发掘出一具石棺。石棺上面刻有埃及女祭司的咒语："凡是碰到这具石棺的人都会遭难。"然而，考古学者只是轻蔑地一笑，并不重视咒语的内容，还毫不犹豫地打开了石棺。躺在石棺里的是一个经过数千年历史变迁的木乃伊。

后来，这具石棺被运到了英国，展示在大英博物馆供人们参观。也不知道什么原因，当时参加考古队的一些考古人员都接二连三地死了，而且都死得不明不白。

于是，大英博物馆不得不把这具刻有女祭司咒语的石棺收藏起来，不再让人们参观。10年以后，美国一位富有的实业家，出于好奇，要求大英博物馆将那具石棺和木乃伊一起卖给他。博物馆的人把石棺卖给了他不久，恰好"泰坦尼克"号要开始处女航。

这位实业家便要把那具石棺让"泰坦尼克"号运送到美国。正好，给了埃及女祭司的咒语一个应验的机会。当时，人们谁都没重视石棺上咒语的最后一

揭开"木乃伊"的神秘面纱

41

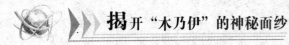

句话："凡是碰到这具石棺的人都会遭难，将被海水吞没。"

不久前，美国迈阿密贝利大学教授达维托凡发现金字塔中可检测出衰退的铂与钨辐射线，而金字塔外侧却没有。显然金字塔对于某些辐射具有储存或阻隔作用。会不会就是由于残余放射能的作用而导致了一些进入金字塔内部的人不幸死亡？这对解释游客致癌的原因是合理的，但对挖掘图坦卡蒙法老陵墓的人的死亡似乎说不通，因为那些人并不是个个生癌死的。

法老咒语真是令人不寒而栗，难道它真的具有那种神秘的力量？

"法老咒语"的心理释疑

下面的几个事例，也许对破译"法老咒语"有所启示：

一位美国电气工人，在一个周围布满高压电器设备的工作台上工作。他虽然采取了各种必要的安全措施来避免触电，但心里始终有一种恐惧，害怕遭高压电击而送命。有一天，他在工作中碰到一根电线，立即倒地而死。他身上表现出触电致死者的一切症状：他的身体皱了起来，皮肤变成了粉红色和浅蓝色。但是调查时却发现了一个惊人的事实：那位不幸的工人触摸电线的时候，电线并无电流通过，电闸也没合！

前苏联也曾报道过类似的事例：有一个人被无意中关进了冷藏车。第二天早上，人们打开冷藏车，发现他已被冻死在里面，身体呈现出冻死的各种状态，但是奇怪的是，这辆冷藏车的冷冻机并没有打开制冷，车中的温度同外面的温度差不多，依这种温度是绝对不可能冻死人的。

美国心理学家曾做过这样的试验：医生将一名受试者带到一间空房中，此时，从隔壁房间里传来阵阵惨叫。医生告诉受试者说：这个试验主要是为了测定人类忍受疼痛能力的限度。说着打开隔窗，让这名受试者参观试验的全部过程。只见一个人被牢牢捆在一把椅子上，旁边炉里炭火烧得正红，一位医生用火钳从炉中夹出一个烧红的硬币，然后把这枚硬币放到捆着的人的手臂上。只听"嘶啦"一声轻响，手臂被烧起一缕轻烟，随后传来一声痛彻肺腑的惨叫。试验结束，坐在椅子上的人踉踉呛呛走了下来，手把着被烧伤的手臂，一个硬币大小烧焦的伤疤赫然出现在手臂上。

医生让这名受试者连续看了几个相同的试验后，将受试者领到试验室中，把他牢牢地捆在椅子上。然后，从炉中夹出一个同样烧红的硬币说："我现在要把这枚硬币放到你的手臂上。"受试者突然感到手臂上有一热物落下，随后大声惨叫起来。医生们无比惊讶地发现，受试者的手臂上果真出现了一个硬币大小的三度烧伤疤痕。实际上，所有的试验都是假的，烧伤、惨叫统统是装出来的。而落在这名受试者手臂上的硬币也只是稍微加了一下温，根本不可能造成烧伤。

　　澳大利亚土著人中有一种叫"骨指术"的杀人巫术，它与金字塔中"法老咒语"很类似，具有同样的效应。"骨指术"实际上是一种不留痕迹、几乎永不失手的杀人方法。

　　1953年，澳大利亚达尔文市一家医院接受了一个从安恒地转来的一个澳洲美利族土著病人，这个病人既没受伤或中毒，也没患任何已知疾病，却是奄奄一息。他在医院里苟延了4天，到了第5天便死掉了。原来死者因犯了禁止乱伦的族规而受到族人审判，但他拒绝出席，在缺席审判中他被判处死刑。其后，他逃离故乡，于是族中杀手便制造了一根杀人骨，施展"骨指术"将其杀死。杀人骨不需与受害者的身体接触，杀手只要在找到逃犯后，跪在地上，将杀人骨像手枪一样握在手中对准逃犯，尖声念出一串咒语后即可离开，让被杀人骨指过的人自生自灭。

　　澳大利亚一位名叫贝斯杜的博士，曾经这样描述过被杀人骨指过的人："一个人发现自己被人用杀人骨指着时，那种情景的确可怜：他呆在那里，眼巴巴地望着杀人骨，并举起双手，好像想挡开一股夺命的杀气似的。他面无人色，目光呆滞，脸上露出惶恐痛苦的表情……他企图呼叫，但喉咙好像有物哽住，发不出声音，只见他口吐白沫，全身发抖，肌肉不由自主地抽搐，接着摇摇晃晃地向后倒在地上，好像昏了过去。但没多久，他便痛苦地不断扭动身子，用双手掩面，呻吟起来。再过一会，他变得较为安静后，便爬回自己的茅屋。从这时开始，他便生起病来，烦躁不安，他可能多活几天或几个星期，他的亲属以及其他部族的人都会知道他被杀人骨指过，因此碰见他时便把他当死人看待。"

复活的木乃伊

法老咒语可以用心理学来做一些释疑。可是复活的木乃伊又该如何解释呢？

"木乃伊"是阿拉伯语"没约"的音译，也就是"干尸"。古埃及人的木乃伊之所以能保持千年不腐，并有栩栩如生的面容和肤色，除了金字塔的"结构效应"外，还有其特殊的制作方法。

古埃及人经过长期研究和实践，创造了一种制作木乃伊的防腐法。他们首先从尸体的鼻腔内用钩子钩出脑浆，然后用药水清洗，接着将尸体剖腹，取出五脏，用香料和酒精洗腹腔，并填入防腐药物，再缝合刀口。刀口缝合后，再将尸体放在天然的碳酸钠溶液中浸泡70天，取出后全身涂上一种名为"散沫花"的提取物，散沫花又名"埃及女贞"，古埃及妇女常将其叶子鲜汁液涂抹在皮肤上，使肤色鲜艳娇嫩。然后再用涂着树胶的布裹好，最后经过复活仪式，将木乃伊放进石棺内，葬入金字塔的墓室里。据说，经过这样制成木乃伊的法老就可以复活。

令人不可思议的是，有些木乃伊真的"复活"了。

有一天，当埃及的专家正对一具2900年前的木乃伊做重新处理时，突然听见木乃伊开口说："我是尼塞亚，来拯救你们。"这时在场的人个个惊得目瞪口呆，脸色发白。这件事发生在开罗的埃及文物博物馆内，当时一个由六名专家组成的小组，正在为古埃及统治者赫里霍之妻内杰梅特的木乃伊在日常保养。正当考古学家为这具女木乃伊上防腐剂时，木乃伊竟用可听见的阿拉伯语说起话来。

"我们听得很清楚，"穆斯塔法·哈马斯博士说，"木乃伊胸部震动，用有力而深沉的嗓音发声，嘴唇动作看来像活人一样。"他话速极慢，仅讲了几秒钟时间。话讲完后四周一片寂静，大家都惊愣住了。最后有一位专家打破沉闷，对着在场的人说："我们都听到内杰梅特说她要做犹太人期盼的复国救世主尼塞亚是不是？"在场的人听了都一个劲地点头，其中一些人赶忙从口袋里取出录音机，想等木乃伊开口说话时把它记录下来。

"木乃伊警告科学家不要摆弄他们已有10次，这些均有记录，"法兹尔·马拉克博士说，"通常都发生在他们的尸体被移出王室陵墓时他们才发出如此警告。然而内杰梅特有所不同，她未对博物馆内的专家发怒，反而语音中充满爱心。"

另外，有些科学家给神情安详的木乃伊拍照，但相片冲洗出来后，竟发现有些照片上的木乃伊在狞笑。这些"复活"的木乃伊，究竟是具有灵魂的干尸还是古埃及人用来吓唬盗墓人的一种巧妙方法？他们的机关在何处？其中的奥妙又在哪里？这些都是我们目前暂时无法回答的问题。

卡拉奇木乃伊

木乃伊在巴基斯坦出现

前段时间，一具2600年前的木乃伊出现在巴基斯坦南部城市卡拉奇的博物馆中。在埃及之外发现木乃伊，无疑是世界考古史上石破天惊的事件。由于木乃伊胸前有一块刻有古波斯语祭文的金盘，伊朗声称要索回国宝，而巴基斯坦则说，木乃伊的身世，需要时间去探寻答案。

卡拉奇是暴力恐怖活动频发的都市，该市警察局特别设有反恐怖组。10月的一天，正在负责调查一宗谋杀案的反恐怖组副组长法鲁克警官突然接到一份线报，称来自俾路支省首府奎塔的阿里兄弟藏着一盘录有一具2600年前的木乃伊的录像带。这一线索引起了法鲁克的高度注意，他立即传讯阿里兄弟。阿里哥俩在警方的连番追问下，终于将事情和盘托出：阿里和一个名叫瑞奇的人合伙倒卖文物，录像带只不过是阿里兄弟兜售文物的介绍品，真正的木乃伊则藏在瑞奇在奎塔的住所内。

木乃伊在巴基斯坦出现，听来像是天方夜谭，走私倒卖文物也不属于反恐

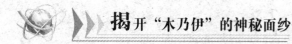

怖组的职责，但警方仍不敢怠慢，法鲁克立即向上级汇报，并从巴内政部申请了调查令。17日，法鲁克警官由阿里·阿克巴尔引路直趋奎塔，在当地警方的协同下，来到了瑞奇的住所。经过仔细搜查，警方终于发现了一具棺木，打开棺木，人们惊呆了：躺在棺内的，果然是一具充满了古埃及色彩的木乃伊。

警方立即将木乃伊棺木小心翼翼地运送到卡拉奇博物馆收藏。为便于鉴定，木乃伊在一个很小的范围内进行了展示。这具木乃伊长196厘米，高56厘米，尸身整个被浸泡在石蜡和蜂蜜的混合液中，保存相当完好，与古埃及木乃伊的风格如出一辙。木乃伊头顶一只黄金铸成的皇冠，另有黄金面具蒙面。唯一与古埃及木乃伊不同的是，这具木乃伊胸前的一块金盘上，刻的是古波斯语的祭文。

"木乃伊案"惊动了巴警方和政府高层，查清木乃伊的来龙去脉成为一项重要任务。卡拉奇警方顺藤摸瓜，很快便将瑞奇捉拿归案。原来这具木乃伊最早埋在俾路支省哈朗村庄的一户地主家中，在地下安然度过了2600多年，但在去年的一次地震中，地主的房屋轰然坍塌。地主一家在挖掘后墙时，偶然发现了木乃伊的棺木。看着这具不知从何而来的无价之宝，地主一家喜出望外，但他们又觉得从自己家中挖出尸体，并非吉祥之兆，便到处找寻文物贩子，想尽早将木乃伊脱手。不久地主就和瑞奇谈成了生意，木乃伊由瑞奇负责联络买家，事成之后二人平分钱财。瑞奇来到卡拉奇，很快就找到了买主，瑞奇开始提出与地主商量好的6亿卢比要价，遭到买家拒绝。地主惟恐夜长梦多，最终敦促瑞奇以6000万卢比（约合100万美元）的价格成交。

公主的传说

木乃伊案件经媒体披露，在巴社会引起了广泛关注，众多历史和考古名家纷纷参与了对木乃伊的考证。经科学研究，这具木乃伊系公元前600年的产物，亦即距今2600年。这具木乃伊为一女尸，死时年仅18岁。一些历史学家依据有关史料，作出了大胆推测：女尸是一个名叫"卡姻"的古埃及公主，后被远嫁波斯，成为古波斯"卡如什"王朝第一个国王卡比尔的儿媳。

公主的传说虽然充满了神奇色彩，但一些人依据木乃伊胸前一块刻有波斯语祭文的金盘，又相信这一推测是确凿无疑的。然而，对于全世界考古界来说，公主的传说则像是一枚重磅炸弹。因为迄今为止，人们还没有在埃及之外，发现过木乃伊的踪迹。世界历史和考古界早已确认，木乃伊是古埃及人独有的创造。由于古埃及人相信人死后生命仍能延续，便通过制作木乃伊的方式将尸体完整保留，希望有朝一日其生命能在神灵的召唤下复苏。如果当前发现的这具木乃伊真的是出自古波斯，那么世界历史和考古学的教义将被重写。但不论怎样，巴历史和考古界一致认定，在埃及之外发现神奇的木乃伊，是考古史上的重大发现，堪称世界一大奇迹。

各界争夺木乃伊

在获悉巴基斯坦发现古波斯公主的木乃伊后，伊朗各界也引起了轰动。伊朗文物部门立即致信巴基斯坦政府，称尽管伊朗方面不知木乃伊是如何流落到巴基斯坦的，他们将敦促伊朗政府对此进行调查。但既已查明木乃伊系波斯公主，他们希望巴基斯坦政府将其完璧归赵，否则伊朗方面将采取有关措施索回国宝。一时间，木乃伊在巴伊两国掀起了一场不小的纷争。

巴基斯坦政府在木乃伊案初露端倪时，就表现出高度的关注和兴趣。面对由此而起的风波，巴外长萨塔尔表态说，关于木乃伊的身世之谜，巴方正在进行深入的调查研究，在真相大白之前，巴伊两国应尽量保持克制，不要因为一具木乃伊而引发政治风波。

伊朗文物部门索要木乃伊的信函，引起了卡拉奇博物馆馆长易卜拉欣博士的不满。她说，这具木乃伊明显不是埃及的产物，虽然其胸前有一块波斯语祭文的金盘，但这并不表明木乃伊是伊朗的文物。木乃伊可能出自卡如什王朝的墓中，但也有可能一直就埋在巴哈朗地区的古墓之中。况且，迄今伊朗政府并未发表正式声明，指出木乃伊为该国之宝。

易卜拉欣博士的谈话，进一步加剧了巴伊历史和考古学界对木乃伊的纷

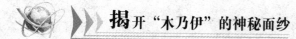
争。巴政府不得不请德高望重的哈桑·达尼教授出山，进行权威鉴定。达尼教授就职于巴真纳大学，已年逾八旬，是国际上享有盛誉的历史和考古大师，他的鉴定当为一言九鼎。达尼教授对木乃伊进行一番鉴别后，发出了如下感慨：世所周知，木乃伊是古埃及的一大文明现象，我迄今没有听说在埃及以外的任何地方发现木乃伊的存在，这具木乃伊实在是令人难以置信。达尼教授称，要真正查出木乃伊的来历，只有破译金盘上的古波斯语祭文，而这不仅需要时间，还需要埃及、伊朗以及有关国家的通力合作。

达尼教授的一番话，暂且平息了人们探知木乃伊身世之谜的急切心情。但卡拉奇仍有成千上万的人按捺不住，翘首欲睹木乃伊的风采。卡拉奇博物馆不得不加紧筹备，使木乃伊尽早对外展出。易卜拉欣馆长称，他们将制作一个特别的展台，使全体卡拉奇市民都能尽情领略木乃伊的神奇和奥妙。

然而，由于卡拉奇气候恶劣，潮湿、高温和空气污染已使木乃伊发生了一些化学变化，文物工作者在木乃伊的肌体上发现了真菌等微生物活动的迹象。要长久妥善保存这具木乃伊，必须对其进行真空烟熏消毒处理，而这需要较大的资金投入。卡拉奇博物馆已就此向政府申请特别资金，但囊中羞涩的政府迄今没有表态。也许，卡拉奇人想走近历史，探寻古人的智慧，还要耐心地等上一段时间。

西汉古尸

令人期待的解剖

1975年6月8日上午6点钟，在荆州凤凰山挖掘出的西汉古尸，被护送到了荆州卫校。按照指示，最重要的就是冷冻保护好古尸，此时已经是6月份了，温度比较高，要把保护室内的温度迅速降下来，就需要大量的冰块，也要尽快解剖，以免夜长梦多。于是专门组织了一个班子，去买冰和解剖需要的各种物资，由于当时的荆州地委和沙市方面都出面了，准备工作很顺利，需要什么就拿什么。

虽然严密封锁了消息，事情还是传得很快，很多人想来看看。当时沙市市委书记穆长生也赶来了，他在荆州博物馆门外刚好碰到了正要出去买东西的馆长彭浩，穆长生就要彭浩带着他去看，还说："这样吧，你要的东西只要是在沙市买的，我就去帮你买，就带我去看一眼。"于是，彭浩就带着他去荆州卫校隔着窗户瞄了一眼。以后被传为笑谈。

8时许，在沙市买的冰源源不断地被送进了荆州卫校，解剖器件也在紧张有序地准备着，问题是具体在什么时候解剖。虽然古尸有冰块帮着降温，但很不利于保护，因为在不断的加冰过程中，室内的温度很不稳定，这对在地下一直处于恒温状态的古尸很不利，如果在这过程中出现什么变化就难以把握了，必须连夜对这具西汉古尸进行解剖。

到了晚上10时，解剖分工大会召开3个小时后，在略有点紧张的气氛下，8位专家和湖北电影制片厂的工作人员进入解剖室。

经过整体外观的检查，古尸为男性，汉族，身高167.8厘米，体重52.5公斤，根据牙齿磨耗程度测算，年龄当在60岁左右。尸体除毛发和指甲外，外观保存完整，鼻道畅通，左耳膜还在，眼球体完整，32颗牙齿整齐牢固。体质形态特征与我国现在中南地区的汉族居民相似，全身皮肤柔软湿润，软组织也仍然保有很好的弹性。翻过身后，发现古尸的背部皮肤比较厚，摸起来比较坚韧，脊柱在背部的中线上由上而下呈串珠状排列。

湖南湘雅医院专家王鹏程试着将古尸的左手往上抬起来，没费吹灰之力，可见古尸的关节还可以活动，右手也是一样，可以屈伸。

腿部呢？原武汉医学院副院长、著名病理学家武忠弼也尝试性地抬起了古尸的右腿，情况也非常好，可见古尸全身的大小骨骼、关节保存都非常好，结构也正常，没有骨质疏松的现象。

之后，对古尸的解剖分表皮、内脏和颅脑三部分进行。颅脑解剖的主刀是

揭开"木乃伊"的神秘面纱

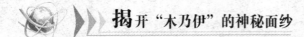

原荆州中心医院医生邵如庆。邵如庆和参与解剖的医生们小心翼翼地为古尸开启颅脑，颅脑打开后会是什么样子呢？医生们的心中也充满了期待。

乳白色的玉石印章

男尸的身份依然是一个谜团。就在此时，邵如庆意外发现古尸的喉咙里，似乎有一个东西卡在了里面。他取来一把镊子伸了进去，竟夹出了一个乳白色的玉石印章，古人一直都有玉石辟邪的说法，这个印章难道也是这样？印章上用阴文篆体刻了一个"遂"字。这会是古尸的名字吗？来不及细想，立刻展开了解剖。

当时的荆州市中心医院医生邵如庆和荆州卫校负责解剖的何秉忠就先对古尸的头部进行了体表检查，然后开始揭古尸的头皮，用刀在开颅部位划下记号。按照当时的医疗水平和病理常规，需要用锯子，就拿着锯子沿着划的记号，转着锯颅骨，锯得很顺利，天灵盖被揭开后也没有什么东西流出来。一打开，就看见里面有团灰黑色的像泥巴一样的脑组织，用手摸起来还软软的。

邵如庆努力从医学的角度来看待这具古尸，在他眼里这就是一个标本，一个活化石，等头部整体解剖完后，让人用盘把脑组织端出去，送去给科研人员研究。头部的解剖就算告了一段落。

与此同时，武忠弼也开始解剖古尸的胸腹部以下部位。

刚出土时，古尸的胸、腹内充盈着液体，腹部膨隆，叩击腹壁可以看到明显的波动，现在却有些下凹，好像里面的液体慢慢渗出来了，难道古尸的皮肤是通透的？

武忠弼比较有经验，拿起刀从古尸的胸前划了下去，很顺利地打开了胸腔和腹腔。器官保存得很完整，只是变小了。而胸腔内有很多淤血块，心肺间有粘连，心脏也变扁了，肠壁薄如纸，肝脏缩小了，成了灰褐色，有大小不等的结节状隆起，胆囊内有上百颗像豆粒大小的结石，还有大量积水，脾脏、胰腺的外形也是完整的。但最直接的感觉就是内脏器官都已经变得很薄很轻了，腹腔也变得很薄很轻了。

整个过程让人兴奋，因为各种器官都保存得比较好，让大家感觉这具古尸确实不一般，这些都是珍贵异常的资料。一切进展得都还算顺利，解剖得非常成功。领导小组迅速赶制了一个大号的标准缸，装上福尔马林液，把尸体用有机玻璃封存了起来。

身份之谜

解剖完后，按国家文物局决定实行就地保护。这样，古尸就一直留在了荆州博物馆。解剖后要进行科研，所以古尸的内脏全部被运到武汉，放在武忠弼的解剖室内，对其的死因、身份等进行研究。他是叫"遂"吗？"遂"是他的姓还是名？他是什么身份？为什么享受这样高规格的墓葬待遇？这些都是谜。

保存完好的文物

随着168号汉墓考古发掘工作的进行，人们惊奇地发现，这座汉墓中不仅古尸完整地保留了下来，而且墓室中的大量文物也保存得相当完好。经过考古人员对出土文物的逐一清理登记，168号汉墓中共出土了包括漆器、陶器、木俑、钱币、麻织品、天平横杆、文书工具、果实和种子在内的各种文物563件。墓室的规模和如此多的随葬品都说明这不是一座普通的墓葬。

所有的随葬品中，漆器数量是最多的，墓中的160多件漆器出土时都保存如新。高48厘米的大扁壶，不但没有变形，就连漆色也依然鲜亮如新。

这些漆器主要是生活用具，反映的是墓主人生前的生活状况。其中一件48厘米高的大扁壶和一套10件套的漆制耳杯都是盛酒的器皿，做工如此精美的器件，不难想象墓主人生前生活的奢华。

在墓室的头箱中，考古人员还发现了大量的奴婢木俑和车马、木船模型，所有这些形成了一个整齐的仪仗队，这和主人的生前生活又有什么关系呢？这位

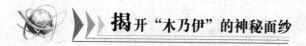

生前生活富裕的墓主人到底是什么人？墓中丰富的随葬品中，是否还有什么东西，隐藏着和墓主人身份有关的重要信息呢？

小小竹牍

考古人员努力地寻找着答案。最终他们将目光锁定在了一片从墓室淤泥中发现的小小竹牍上。

竹牍上面的文字虽然不多，却提供了重要的、有价值的信息。

在这片长23.3厘米，宽4.4厘米的小小竹牍上，考古人员看到，上面用典型的汉隶书写着几行字："十三年五月庚辰，江陵丞敢告地下丞，市阳五夫遂，自言与大奴良等二十八人，大婢益等十八人，轺车二乘，牛车一两，可令吏以从事，敢告主"（标点符号为编者所加）。

荆州博物馆原副馆长彭浩回忆说："竹牍上的文字不仅记载了墓主人下葬的准确年代，而且还清楚地告诉人们，墓主的籍贯、爵位和名字。按照我们现在的历法来推算，就是汉文帝前元十三年五月，也就是公元前167年农历五月庚辰日这一天他去世的，这就为这个墓葬的断代提供了一个非常可靠的证据。他是我国迄今发现的时代最早的一具古尸。"

竹牍上的文字大意是：江陵丞，也就是阳间的江陵县的县丞写给黄泉之下的小吏开具类似介绍信的东西，就是说明阳间有一个叫做"遂"的五大夫，他死了，现在要埋到地下去，希望他将这个消息转告给阴间最高的"主"，给予接纳，并命令阴间的官令按照规定办事。

而取自男尸口腔中的玉印，上面刻的正是墓主人的名字——"遂"，这恰恰与竹牍上的相关记载互为印证。

五大夫在汉代的二十级爵位中，属第九等爵，在汉代此爵位只能赐给俸禄在六百石以上的官吏，比县令职位要略高一点，类似现在的"副厅"。

考古人员说："用一个不太恰当的比方，大约相当于现在咱们的副厅级干部"。竹牍中虽然没有墓主人"遂"的确切官职的记载，但墓中出土的与计算有关的天平横杆、砝码、铜钱、算筹以及文书工具又似乎给人们一个信息：墓主人生前曾任过与计算有关的官职，既然五大夫与俸禄六百石的官职相当，因而遂生前很有可能是江陵县管理财政方面的郡丞。

那么，他到底为何死去？经过微超以及显微结构的研究发现，遂死于胃穿孔引起的弥漫性腹膜炎，当时这个病是没办法手术的，所以他死亡了。

同时我们发现他身上还有很多疾病，比如他有动脉硬化，他有血吸虫病，还有胆石症、胃溃疡等多种疾病。其中血吸虫、华支睾吸虫与长沙马王堆一号汉墓古尸相印证，再次证明这两种寄生虫病至少在我国两湖地区已有两千多年的历史。

千年不腐

尸体在下葬后，应该都有一个自溶的过程。这具古尸也不例外。

但考古人员根据棺中近30厘米的堆积物和丝织物的残渣推断，当初棺内的余留空间很小，氧气量很少，少量的氧气在尸体的自溶过程中，被迅速消耗殆尽，自溶腐败随之停止。同时，墓葬选择的地形、地质条件，和深达10米的埋葬深度，以及层层夯实的青膏泥和五花土的回填，加之，葬具坚实严密，使"遂"在入葬后不久，即处于绝气缺氧，低温稳定的环境中。

古尸为何历经两千多年而不腐？据研究，其主要原因是深埋、密封和棺液抑菌杀菌防腐的结果。深达10米的墓坑，逐层夯结的填土，封闭严密的棺椁，使古尸长期处在缺氧和恒温的稳定环境中。内棺10万毫升含有硫化汞等成分的棺液，具有抑菌的作用，更是古尸得以保存的不可缺少的条件。

"排着长队"的木桶

墓中发现的"排着长队"的木俑，吸引了不少研究者的目光。在主人生前，这些奴婢替他创造财富，同时为他的生活服务，在墓主人死了以后，他想继

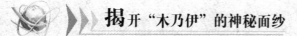
续让这些人为他创造财富，同时也伺候他的日常生活，就仿照这些奴婢，做成模型带到地下去。

常有很多人在看似雷同的木俑前走马观花，其实发现这些木俑细微之处的差别，正是解读它们的关键。

首先留短发的是男丁，称作奴；梳长发的是女性，叫做婢。有两位手中执剑，走在队伍前列，看似家兵，也许是"遂"生前最信任的护卫。护卫身后的几位女子衣着比较华丽，仪态端庄，很可能是日常在近前服侍"遂"的女佣。而排在后边，衣袍素朴的这些奴婢应该是做各种粗活的下人。

作为"遂"的家奴，这些木俑微微向下俯视的目光，表现了对主人顺服谦恭的态度。同时又能从那一张张面孔上，看出不同的表情与心境。有的稚气未脱、神情天真；有的像在发呆，仿佛心事重重。其实喜乐也好，哀伤也罢，这些深埋了两千多年的表情，不知是否能够拨动今人的心弦？

络绎不绝的参观者

"遂"住进荆州博物馆的"新家"后，跟随荆州博物馆的发展，共搬了3次家。直到搬进专门为他准备的珍品馆。现在，"遂"静静地躺在专门定制的有机玻璃棺材中，每天迎接着来自世界各地的参观者，接受着人们惊奇探寻的目光。

据该馆介绍，30年来，"从最初展出到现在，一共接待了近千万人"。在众多的参观者中，有普通市民、游客，也有世界各国的政要名人。

党和国家领导人每次到荆州，也会专门来到荆州博物馆视察参观，他们对这具保存完好的西汉古尸同样赞叹不已。

人们在惊叹西汉古尸历经两千多年而不腐的同时，对如何运用现代高科技手段，保护好这具古尸，提出了更高的要求。

文物保护专家们也在探寻着更好的方法，力争让西汉男尸保护得更好。

全国著名文物专家吴顺清表示："隔一段时间，我们就要换一次固定液，用紫外线杀菌。"

回想起当年的发掘，曾亲身参与168号汉墓考古发掘的专家，都感叹不已。正是当年的这次发掘，改变了荆州博物馆的命运，提升了荆州文博事业在全省、乃至全国的影响，而这些，都是这位西汉五大夫所带来的。

哈密古尸

名扬世界的哈密城

哈密，是新疆最东部的城市，也是古丝绸之路上从内地进入西域的第一座城市。早在东汉时期，汉明帝就在这里设置了"宜禾都尉"，筑城驻兵，开垦屯田。

哈密算不上现代化的大城市，但却因很多事物而名扬世界。城西南五堡出土的3000年前古尸，就曾让世人瞩目。

哈密古墓位于通往古丝绸之路的一块风景秀丽的土地上。这是一片颇具规模的古墓群，已发掘的墓穴就有29座。经考古学家对墓中的盖木进行分析测定，古尸保存完好的三座古墓距今在2900～3200年之间。

出土新疆女尸

1978、1986和1991年，新疆文物考古研究所会同哈密地区文管所在五堡古墓地进行过三次考古发掘，清理墓葬113座，出土了几十具干尸。其中1978年春天，新疆考古研究所在五堡发掘了一片古墓地，试掘中的第24号墓出土的一具女尸，在当时引起了极大的轰动，美、英、法、德、日、韩等国的考古专家蜂拥而

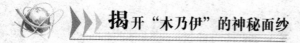

至。

这具女尸是一位典型的新疆妇女。被发现时仰天躺着，而且看上去还很年轻，身穿红色彩条毛布袍，脚蹬长筒皮靴，外披羊皮大衣，估计死于寒冬之时，衣服血污斑斑，黏附在身上。长长的金黄色的头发梳成从两边分开的发型，两边又各梳成3根小辫子，然后各由3根小辫子汇编成一条大辫子。

虽然头发有些零乱，但每条辫子还能分清。可见"新疆姑娘辫子多"在很早以前就有了。女尸的眼睛没有深陷，眉毛也没有脱落，嘴唇没有干瘪，浓密的汗毛看得清清楚楚。整个就像一个干瘦的人躺在毛毡上安祥地睡觉。服饰上的鲜艳色彩，更让人觉得死者栩栩如生。

不可思议的是她的脸和四肢肌肉仍然具有弹性，甚至连手指甲也保存得非常完好。她的肌肉发达，说明她生前是非常健康的。她似乎依然保持了生前那宽厚、丰满的形象。考古人员根据她的发色、肤色以及其他的特征判断她是一位古代新疆少数民族妇女。

追溯古尸身份

国家文物局文物保护科学技术研究所对该墓地出土的4件盖木做了碳14测定，结果认定哈密古尸的年代为距今3200年左右。

体质人类学家根据尸体头面部特征判断，古尸具有明显的高加索人种特征，年龄大约在30～40岁。

经过解剖发现，这位妇女35岁左右，"O"型血液，心、肝、肺等脏器位置正常且非常完整，组织结构中的胶元纤维和弹性纤维保持良好。考古工作者根据古尸的出土地点，将其定名为"哈密古尸"。

随同干尸出土的还有毛织物、羊皮大衣、木器和石器等随葬品。已在全国许多地方巡回展出，让国人大开了眼界。

古尸为何不腐？

学术界和广大公众都对古尸产生了浓厚兴趣。为什么古尸历经三千余年而不腐？

经过数年的辛勤探索，考古工作者和有关专家们终于找到了初步的答案。原来干尸的形成与古尸所在地新疆尤其是哈密五堡独特的地理环境及墓葬的结构有着直接的关系。

通过研究发现，这具3000多年前的干尸之所以能够保存至今，完全是干燥的气候和毫无水分的沙子的功劳。新疆由于独特的地理环境，出土的干尸的数量很多，在我国出土的2000多具古尸中，大部分为新疆的干尸。干尸与人工制成的木乃伊及经人工特殊处理并与特定自然环境结合而形成的湿尸不同，它是由干旱的环境所致，完全在自然的状态下形成的。

哈密古尸所在地五堡乡是深入戈壁荒漠之中的一处偏僻绿洲，地势低洼，海拔只有400多米，气候炎热干燥，被称为哈密的吐鲁番。哈密县全年的降雨量平均只有34.1毫米，湿度年平均为40%～50%。可见古墓地所处的环境十分干燥。

再看干尸所在的墓穴和墓室，都非常简陋，墓顶封土很浅，平均距地表仅一米左右。葬具密闭不严，这些因素会造成墓葬内与墓葬外界流通的空气接触，在这样极干燥的环境中，尸体内的水分便很快便被蒸发干。与此同时也抑制了细菌的繁殖，尸体的腐败也就停止，并较好地保存下来。水是细菌繁殖的必要条件，失水便抑制了细菌的繁殖，尸体的腐败也就停止了。

还有一个现象也对尸体的保存起了一定作用，就是女尸是在寒冷季节入葬的。从现有资料可以看到，形成干尸的人体，身着皮毛外衣，脚穿皮靴，这些都表明了她是冬季入葬的，这对干尸的形成也起了重要的影响。在寒冷的冬季里，微生物一般停止了代谢作用，处于休眠状态。而在严寒的环境里，大气、土壤与尸体的水分交换仍在进行中。

严冬过去后，尸体已大量失水，随温度的升高，迅速完全干燥，微生物再

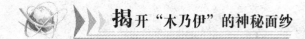

次失去活动环境，不能对干尸进行有效分解，从而形成了干尸。

哈密古文明

干尸是现代人探索远古时代的法宝，有了它我们就有了开启3000年前哈密远古社会的密门钥匙。

考古工作者对哈密出土的部分干尸所作的体质人类学、考古学和民俗学等多学科的综合考察和研究后，逐渐为我们展开了一副画卷：三千年前哈密古代居民的生活状况。

哈密是一个内陆盆地，但在3000年前它并不封闭，其文明程度在当时也是相当发达的了。从几处具有代表性青铜遗址出土的大量海贝则显示，人们的活动范围没有被囿于哈密之内，至少在距今3000前，一些具有蒙古人种特征的部族和另外一些具有欧罗巴人种特征的部族已出现在哈密，他们在这里交汇融合，繁衍生息，部族内部过着较为平等祥和的社会生活。专家预测，这是迄今发现的早期白种人深入亚洲大陆定居和生活的最远地点。

这一时期的哈密古代居民与内地，甚至西南方的印度洋、波斯湾等地区有了实际的联系。畜牧业是社会的经济基础，牛、羊、驴是人们饲养的主要家畜，也是主要的衣食来源。

人们还兼营农业和狩猎，并用牛车或驴车进行运输。大麦、糜子制作的糜谷类烤饼是人们的食物。

3000年前哈密古代居民的创造力和想象力远不止这些，他们结合当地资源特点创办了陶器制作、木器加工、制革、毛纺织、青铜器制作甚至艺术品加工等一系列门类齐全的手工业部门。制作的各类器物涵盖了从衣、食、住、行等物质生活到审美、原始信仰等精神生活的各个方面。

说到哈密古代文明，不能不提青铜时代哈密的毛纺织业，它集中体现了当时纺织工艺和审美艺术之大成，是社会进步的重要标志。

哈密出土的毛布较多，干尸几乎都穿有毛织衣物，这表明当时毛布的产量是较大的，已能满足人们的一般需求。这些毛织品历经三千余年的岁月沧桑，依然色泽鲜艳，精美绝伦。据出土资料分析，毛纺织的原料以细羊毛为主，织物分为平纹和斜纹两种。出土的实物有毛线帽、彩条纹毛布裙、平纹毛布衣裤等。人们已知道分档使用毛绒和毛线，纺线均匀，组织严密，染色工艺精湛，图案种类繁多，由此可见毛纺织业已十分成熟，它们是奠基在畜牧业生产经济上结出的璀璨智慧之果。

随同干尸出土的木桶、木陀螺和有人形图案的彩陶，我们可以探知哈密古代先民的精神生活并不贫乏，人们已经有了原始的巫术活动，这与早期的音乐舞蹈应该有着密切的关系。

木俑身上夸张的男女生殖器造形，是先民们对人类繁衍后代这种神圣力量的敬畏和崇拜，随葬陶器的钻孔则反映了人们灵魂不灭的观念。

干尸及其出土物的发现仅仅揭开了哈密古代文明的一角，还仍有大量的历史信息需要我们作更加深入的探索。在哈密独特的地理环境里保存下来的不同时期、不同种族的干尸，具有重要的、不可替代的研究价值，应该受到我们特别的保护。同时，围绕干尸进行的多方面研究，可以为我们现代人类生活提供有益的历史经验。

萨满教巫师木乃伊

有关专家在新疆吐鲁番地区文物局为一具距今2800多年的萨满教巫师干尸"宽衣解带"。据有关人士称，此次为干尸"脱衣"一是为了更好地保护干尸，二是希望通过剥离下来的衣物，弄清有关萨满教的问题以及当时的服饰、人种和社会面貌。

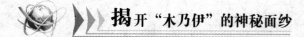

这具干尸是2003年从新疆吐鲁番地区鄯善县洋海古墓群内发掘出的数百具干尸中的一具，为男性，年龄大约为50岁。

萨满教是比较原始的世界性宗教，其主要活动是跳神。据说，萨满教巫师在迷幻状态下，通过手中的法器与天上的神灵沟通，功能为祈福、治病等。这具干尸被发现，以及随葬物品大麻、箜篌的出现，在吐鲁番地区尚属首次。其中，随葬品大麻的发现，在新疆地区也是第一次。

据现场专家介绍，干尸像埃及法老一样，双手交叉，右手握着缠了铜片的木杖，左手握木柄青铜战斧。干尸头戴羊皮帽，额头系彩色毛绦带，绦带上缀有两三个一组的海贝；左右耳上戴同样大小的铜、金耳环；脖子上戴着绿松石项链；内穿翻领彩色毛大衣，脚穿皮鞋，鞋帮上捆绑毛绦带，毛绦带上缀的5个铜管各连接一个小铜铃，左手腕戴红色皮套袖，上缀一排铜扣。

千年冻尸

发现干瘪冻尸

1991年，德国业余登山家赫尔穆特·西蒙和他的妻子在奥地利阿尔卑斯山的奥茨山谷的冰川中发现了一具干瘪的冻尸。这是一具面朝下躺着的半裸男尸，尸体的脸部深埋在冰中。

他们最初认为那是一名不幸遇难的登山者的遗体。随后进行的测试结果让整个世界感到震惊：颜色灰褐、形状干瘪的"冰人"具有5300年历史，处于青铜时代，比现存最古老的埃及木乃伊还早近1000年，竟然是迄今为止被自然环境保存得最好的，最古老的一具木乃伊，是目前地球上最古老的血肉之躯。

由于这具古尸是在意大利和奥地利交界的奥茨山谷冰川中被发现的，所以科学家给他取了名字叫"奥茨"。这是自1922年古埃及第十八王朝图坦卡蒙法老的木乃伊被发现以来，最能激起全世界想象的一具古尸。

1998年1月，这具干尸被移放到意大利博尔扎诺市博物馆的一个零下6摄氏度的恒温冰房内。在因斯布鲁克大学解剖系工作的法医学家们认定这具尸体是重要的史前发现，也许在公元前3350年左右。

推测"奥茨"身份

从对干尸初步的检测结果表明，"奥茨"为男性，干尸身长158厘米，体重13公斤多一点儿。生前身高165厘米，体重40公斤，死时大约45岁，一根肋骨被折断。尸体头戴皮帽，腿上裹着羊皮护腿，身旁放着一把斧头和一张弓箭。尸体的颜色呈褐色，形状干瘪。

人们能清楚地看到这具保存完好尸体上的很多特征，最吸引人、最不可思议的是他后背、膝盖和脚踝上的文身。

人们起初推断"奥茨"可能是一位猎人或牧羊人，死于夏末秋初时节，当时山上已进入寒冬，他在一场暴风雪中迷了路，最后被冻死在雪地里。因为"奥茨"的尸体旁有夏季尚未成熟的黑刺李果实，衣服上还有谷物碎片，估计是秋收打谷时沾到衣服上的。山上的常年低温使得尸体没有腐烂，天长日久又慢慢地蒸发了尸体的水分，最后终于成为木乃伊。解剖后发现，他临死前不久，还吃过坚果和浆果。

根据"奥茨"的体征和其身上的装备，以及其装束和随身物品、武器来判断，他生前是一名猎手或者战士。由此科学家们初步勾画出这样一个场景：5300年前的一天，一名头戴熊皮帽，身穿羊皮袄和皮裤的男子出现在奥茨山谷中。他披了一件用草和动物皮编织的披风，裹着羊皮护腿，脚上穿着制作精良的皮质靴子，靴内垫着用来防寒的干草。他的衣服内装着引火用的燧石、火绒以及切东西用的小刀。

61

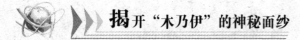
他身高1.65米、体重约40公斤、年方45岁。他的皮肤上刺着图案：背部下方有几道平行的蓝色线，左膝盖附近画有十字，右脚踝上有条纹，这些图形就是我们现在所说的文身。那是他本民族的习性，抑或是他个人的爱好。

他的肌肉健壮，显然是一名勇猛的武士，手里握着一把可能是用来防御的斧头，不知道他以这种装扮来到冰天雪地的阿尔卑斯山要干什么，也不知道他究竟遇到了什么事，或许他的食物不够了，或许是受到了一场突如其来的灾难，或许是某种疾病发作以至耗竭了他的体能，总之，他将自己随身所带的物品散落在地上了，与此同时，他倒下了，而且从此再也没有醒过来。层层积雪将他覆盖，十年百年千年过去了，他始终保持着被冰冻时的姿势……

当然这是人们的假想，真相还要依靠科学的手段和科学的仪器去揭示。

"奥茨"为何千年不腐？

一般说来，尸体碰到冰川后通常会被冰雪运动压碎或撕破，人体组织和器官因此会变成面目全非的冰块。而"奥茨"却历经千年依然完好地保存下来了。这得益于特殊的地形环境，即"奥茨"死后不久，岩石凹地很快被冰雪覆盖，形成了一个稳定的"袋囊"，才得以完整保存下来。于是，"奥茨"的尸体逐渐变成了木乃伊。露出地面的部分也保存完好。他的眼球毫无损伤，头脑和内部器官完好无损，只有鼻子和嘴唇因冰雪压力变了形，左臂向上翻。

"奥茨"冰人的研究价值

"奥茨"生活和死亡的年月还没有文字记载，但从他的衣服、皮肤、毛发及死者的一些遗物上可以得到足够多的信息。能为我们知道更多石器时代我们的祖先们的生活状态提供资料、数据。"奥茨"的衣服和随身携带的武器都保存完好，这对研究欧洲青铜器时代末期的社会发展状况有着无可估量的价值。

这具木乃伊及其身上的衣物和工具都成为了研究人员关注的对象，同时它也为人们打开了一扇了解铜器时代欧洲社会的窗户。此前，人们对这一时期的欧洲世界可谓知之甚少。这具木乃伊一直被保存在意大利南蒂罗尔考古博物馆中。

"奥茨"携带着欧洲迄今发现的最早的斧头——铜斧，也是迄今为止所发现的唯一一把完整的新石器时代铜斧。斧上的缠包物和手柄完好无损。黑色的白桦树胶牢牢地将斧刃粘在生皮皮带紧紧包裹着的斧柄上。

研究欧洲铜器时代的专家们一致认为，这把斧子的斧刃属于公元前2700年以后的雷梅戴罗风格，这犹如在中世纪武士的墓穴中发现了现代武器。

越来越多的迷

考古队相继发现了一把近两米长的弓、一个装满箭的箭筒，还有木制品、草织物、皮革，甚至还有食物和药品。虽然有些遗物是用易腐败的材料制成的，但在阿尔卑斯山常年冰雪的保护下，这些物品经受了5300年的考验，依然完整如初。

12根未完成的箭和无法拉开的弓是一个谜。用来装箭的漂亮的鹿皮箭袋也令科学家们感到惊奇，这是以前发现的铜器时代和青铜器时代器物中从未见过的。鹿皮箭袋里面有两根用木制的箭和12支未制作完成的箭，还有燧石和羽毛。大弓是近2米的紫杉木弓，比"奥茨"还高，没有槽口，不能装弦，应该也还没有制作完成，根本无法射箭。

奥地利因斯布鲁克大学的植物学家西格玛·博顿舒拉格率领的小组还分析了所携带的木块，有的专家认为这些木块是"奥茨"用来引火的。经研究发现这些木块均取材于阿尔卑斯山的各种树木，最显眼的木制品之一——长弓，用紫杉树心制成。紫杉树依然生长在希米龙冰川下的山谷之中——这是发现冰人的地方。大多数专家因此而认为，这位猎手可能是丢失或损坏了自己的武器，来奥茨地区收集制作新武器的材料的。

揭开"木乃伊"的神秘面纱

63

"奥茨"死亡真相

全面检查

最让考古学家好奇的问题是，"奥茨"为什么会死在海拔3000多米的高山上？他死前到底发生了什么事情？

这具古尸深深地吸引着科学家们，要解开这个谜就必须对其进行更深入的研究。他们从尸体身上取走一些皮层组织、骨骼及牙齿，准备进行化验，科学家们将运用基因技术来分析史前人类，这称得上是一次里程碑式的飞跃。

研究人员对"奥茨"腿部、腹腔和肠子等部位进行了全面的检查，还给他做了膀胱镜检查。从其牙齿、骨头和胃部等处提取了不到0.5克的人体组织样品，以分析和确定他的人种族系、生活习性等。

取样完毕后，科学家们将"奥茨"重新放回冰房，再冷冻回原来的温度。贮存好尸体以便等人类的科技水平发展到可以完全不损害干尸时再对其进行彻底的研究。

参与此项工作的研究人员紧张有序地进行各项工作，大家都期待早日再度破解一些有关"奥茨"的谜团。

来自英国苏格兰格拉斯哥大学的法医专家万内齐斯负责查明"奥茨"的死因，他分别从干尸的前胸和后背处取了一些皮肤和脂肪组织样本。为了断定"奥茨人"是突然死亡还是自然地慢慢死亡，因为通过检测这些样本中的铁沉淀的含量就可以确定"奥茨"死时是向前扑倒还是向后仰倒，这样就能初步推断他是不是曾遭遇过意外了。

罗马天主教大学的几位专家负责测定"奥茨"的DNA工作，他们将把测定的结果与在阿尔卑斯山地区发现的其他史前生物的DNA进行比较，以组建该地区的基因库，方便其他相关工作的开展。

测定和分析"奥茨"肠胃等消化系统组织的DNA工作由意大利卡美里诺大学的罗洛教授负责，这项工作主要是确定当时人们的食性，结果推断出，这位古代战士兼猎手死前不久刚吃了一顿马鹿肉，或许还有谷类，之后便在阿尔卑斯山结束了宝贵的生命。这些食物令科学家们惊异，因为那个时代的人通常吃兔子、老鼠、松鼠之类乱七八糟的东西，而"奥茨"却吃到了马鹿肉和野山羊肉这样的高级食品，他最后两餐的美味佳肴简直可以摆上中世纪的宴席。

解剖发现他的肠胃里有一种原始麦子的糠，而且在他的衣服上还沾有谷粒，这些表明，"奥茨"很可能属于一个以谷物为生的农业部族。

分析还发现，"奥茨"头发里铜和砷含量很高，表明他可能从事炼铜。与他身为青铜器时代的人是相吻合的。

死亡的时候"奥茨"患有关节炎，还感染了鞭虫寄生虫。研究小组根据对"奥茨"双足的检测，发现其足部骨的底部有轻微的坏死，由此断定他在死前的很长一段时间内曾患过严重的冻疮。

经过研究科学家们推翻了先前的有关"奥茨"饥饿挨冻而死的推断，因为"奥茨"的结肠中有一种完整的hophornbeam树的花粉，这种树在阿尔卑斯地区的3月至6月间开花。

由于花粉在空气中分解得很快，所以"奥茨"不可能死于秋天，他应该是死于春末或初夏。在海拔3200米的地方，如果不是深秋和冬天，应该是不会冻死人的，那么"奥茨"是怎么死的呢？

激烈搏斗而亡？

为了弄个水落石出，科学家们给"奥茨"来了个全身CT扫描。

结果，还真发现了一个关键的地方。"奥茨"的左肩内部深处有一个石制箭头，这支箭击碎了他的肩胛骨，破坏了锁骨动脉，这是起源于大动脉的锁骨下的一条生命攸关的动脉，其支脉给左臂供血。

因此有的专家认为，木乃伊左臂的姿势不是一种偶然，而是他弯着手臂以尽力阻止出血，或因为剧烈疼痛而弯着手臂来止痛。

结论认为，奥茨中箭后，左肩流血不止，他弯下左手臂，死劲压住伤口，可仍然不奏效，没几分钟，他就因失血过多而倒地身亡。

奥地利的因斯布鲁克大学的远古与早期历史学院的专家沃尔特·雷特勒也认

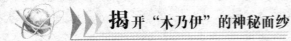

为，"奥茨"很可能是死于与攻击者的激烈博斗中，因为他身上武装着斧头、刀和弓箭，且在他的斗篷和武器上都发现有一些攻击者的血。博斗中，他中了箭，拼命往山上逃跑，直到他跌落山崖，因失血过多、饥饿、寒冷和虚弱而最终死去。

谋杀致死？

意大利的一个研究小组公布的最新的"奥茨"DNA血液分析结果，使"奥茨"之死有了另一种解释。

洛伊博士根据"奥茨"所携带的工具判断，"奥茨"是一名很专业的猎人，因为他所携带的弓箭非常长，不适合在茂密的树林里打猎，所以他应该是经常在山区的林木线以上地带活动，这些地带往往是不同敌对部族的边界区域。

因为是背后中箭，所以人们初步推断，"奥茨"可能是在近身肉搏受伤后逃跑时受伤的，"奥茨"死于非命，而这大概是迄今所知世界上最古老的一宗谋杀案。

澳大利亚昆士兰大学的DNA专家托马斯·洛伊受雇于意大利博尔扎诺博物馆为"奥茨"进行DNA检测，据称，他在"奥茨"的遗物中找到了分属于四人的不同血液样本。因而新的观点认为这不是一起简单的谋杀案，血液分析表明，这是一场可能持续了一天或者两天的血腥暴力冲突。冲突中，"奥茨"至少遭到了四个人的围攻。谋杀致死的结论，给来自5300年前的"奥茨"又增添了一抹神秘感。

至于"奥茨"究竟是怎么死的，还有待于科学家的进一步研究，相信凭着先进的仪器，最终会拿出令人信服的依据证明"奥茨"的死因的，这将有助于我们对于史前文明的探索有一个新的认识。他能阐明一些遥远的远古时代的奥秘，还可以探索新石器时代欧洲的人们在森林耕作狩猎的踪迹。

"奥茨"的纹身

科学家对"奥茨"身上的"文身"很感兴趣，认为这可能是一种"针灸"疗法的痕迹。世人一直认为针灸学是中国人在3000多年前发明的，但考古学家最近在这个死了5000多年的欧洲人尸体上，竟发现一些纹身图案的位置，与针灸穴位不谋而合。这难道纯属巧合吗？

冰人尸体共有57个纹身图案，包括各种线条和交叉符号，推断是利用木针或骨针蘸上黑煤水刺成。起初人们以为这些纹身是原始部落的装饰标志，或是用作记录冰人"奥茨"所杀动物和他参加的宗教仪式的，但纹身位于背部和足部等不易被看见的部位，用作装饰的可能性不大。

意大利巴尔扎诺大学解剖学教授维吉尔指出，部分纹身的位置与中国针灸学治疗关节疾病的落针位置，相差不出5毫米，而科学家早前已证实冰人生前患有脊椎及膝盖等部位的关节病，因此推断这些纹身可能与其治疗方法有一定关系。有的考古学家还认为，"奥茨"是部族的巫师。他利用药用蘑菇和身上黑色的刺青来治疗关节炎，这显然是最为古老的针灸疗法。

这具迄今发现并保存的史前文明的最古老的人类的血肉之躯，吸引着科学家对其不断的观察和研究，他们能够时时发现新的东西，给人新的惊奇，充实着人们对于史前文明的想象和了解。

"奥茨"基因遗传

意大利一家考古博物馆关于最新研究结果发表声明说，最新的DNA检测结果显示，冰冻木乃伊"奥茨"生前可能不具备生育能力。而这种可能性也证明了之前的一些人认为的该男子可能曾是一个被当时社会所排斥的人说法。

据美联社报道说，此项研究的负责人、意大利卡美日诺大学的人类学家同时也是DNA分析专家的佛朗哥·罗洛确定，尽管该男子的特殊DNA属于一个首次被鉴别出来的亚组，但他的基因结构属于欧洲8种基础基因构成中的一种。

罗洛和其研究小组对2000年时从这具木乃伊身上提取的组织样本进行了线粒体DNA化验。他们发现两种典型的基因突变，而这两种突变通常是在精子活性减弱的男性中较为常见。

对此，罗洛表示："我们不能排除他无法成为人父的可能性。这个可能性增加了有关他在当时社会中所处社会地位的新问题。"

该声明说，如果当时社会有儿女后代与社会声望相联系的话，一个不具备生育能力的男子很可能就会受到社会的排斥和歧视。

此前，研究人员也曾提出，这具木乃伊生前可能是一个被当时社会所排斥

揭开"木乃伊"的神秘面纱

的人，而新的发现也恰恰证实了这一点。

"奥茨"的咒语

除了对千年冰尸"奥茨"本身的研究外，还有一件奇怪的事情，就是"奥茨的咒语"。

奥茨被发现后的14年里，5名曾经接触过这具干尸的人相继死亡，于是"奥茨诅咒"开始在民间流传开来，而且越传越邪乎。传说认为，这些死亡的人是中了奥茨的咒语。

第一个"受害者"是64岁的法医雷纳尔·汉恩博士，他参与了奥茨的发掘，他亲手将奥茨的干尸放进尸袋。一年后，他在参加一次研讨会时遭遇车祸身亡。

第二个"受害者"是52岁的科尔特·弗里兹。他是组织直升机运送木乃伊遗体的阿尔卑斯山导游。于1993年死于的一场罕见的雪崩。有意思的是，弗里兹是所有爬山成员中唯一遇难的。

第三个"受害者"是47岁的摄影师雷纳尔·霍尔兹。当年发掘奥茨，霍尔兹的摄像记录了全过程，他将片子制作完不久即死于脑瘤。

第四个"受害者"是发现者赫尔穆特·西蒙。2004年10月，67岁的西蒙独自一人，没有携带任何旅行用品，来到他发现奥茨的山中——他跌入300英尺深的山谷中摔死了。德国《科学》杂志当时报道说，"这是一个极大的讽刺"，因为西蒙之死和他发现并使他一举成名的"奥茨"的死非常相似。

第五个"受害者"是发现冰尸的科学家，66岁的"史前冰人研究小组"负责人康拉德突然暴病身亡，尽管医生表示他可能死于多种硬化导致的并发症。他的死应验了这位熟知"木乃伊诅咒"的知名科学家"下一个受害者恐怕就是我"的预言。

2005年4月18日，斯宾德勒教授成为第六个"受害者"。

第七个"受害者"是木乃伊研究专家汤姆·罗伊。当时他正在为讲述该冰人"奥茨"的同名书籍作最后的准备。罗伊的解剖报告语焉不详，未明确说出他的死因。

专家表示，对罗伊以前的6个人的死因逐个分析，除了西蒙是意外死亡外，其他人都是正常死亡，而与"奥茨"接触过的人数以百计，绝大多数都健康地活着。

在揭开冰人其所有秘密之前，欧洲和美国的研究人员正在用最新显微技术拍摄冰人器官的各个部分。科学家们的研究工作将逐渐取得进展。

虽然许多人根据冰人"奥茨"的穿着打扮及他所携带的工具，判断他是一名武士，但也有人根据发现他时在他周围的许多动物粪粒样东西的试验性分析，判断他是牧羊人，认为冰人死亡时可能正在放牧羊群。研究人员推测，冰人也许精疲力尽，在不利天气条件下熟睡在山谷的壕沟中，结果造成冰冻死亡。难以得出一致的结论。关于冰人怎样生活、怎么死亡尚待进一步研究。

新克罗木乃伊

曾经的海边居民

一名建筑工人在阿里卡的沙土地上某块只有卧室大小的区域上挖了几英寸深，发现了近100个人形的物体。

它们约有5英尺高，非常僵硬，外层涂了黑漆，看上去像古代的玩偶……

其实它们是木乃伊。

伯纳多·阿里扎是首批赶到现场的考古学家之一。

他分析说："他们生活在公元前5000年，是世界上最古老的人造木乃伊，比最早的埃及木乃伊还早2000年。这些木乃伊被命名为"新克罗木乃伊"。这个名

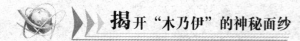

字来源于这些人曾经生活过的海滩。

《木乃伊聚会》一书的作者希瑟·普林格说："我一直想弄清楚人类是出于什么原因开始制作木乃伊的？而新克罗木乃伊为人们提供了一些线索。"

智利北部海岸线上的居民生在海边，葬在海边。新克罗木乃伊的生前也不例外。

分析显示，海边生活非常艰苦。人们因为要在冰冷的海里潜水，患上了慢性耳疾，有的人脊椎骨裂了，也许是因为在岩石上滑倒了，他们的家庭生活同样充满艰难和危险。

人类学家伯纳多·阿里扎博士说："人们在遗体上发现了许多家庭暴力的迹象。这些木乃伊的头部和前臂都骨折了，我想这是在阻挡对手的击打时造成的。"

由于亲人的生命因暴力而骤然消逝，新克罗人发明了保存尸体的方法。

研究者通过拍摄新克罗木乃伊的X光片来寻找它们是怎么被制成木乃伊的答案。由于要保存海狮，新克罗人学会了给尸体剥皮。他们就把这种方法用到了所爱的人身上。

通常他们先把尸体的皮去掉，然后他们把去掉皮肤的尸体在地下掩埋几周。在这段时间里，细菌会吃掉剩下的身体组织。接着他们把骨骼挖出，用木棒加固。在新克罗木乃伊上可以看到，每个人每条腿上都有木棒，有一根沿着脊柱一直通向头部的木棒。最后他们再用稻草和黏土重新塑造一个身体，把皮肤粘上去并且涂黑。

对生命的渴望

婴儿的木乃伊是血红色的。7000年前的一位母亲想把孩子留在自己身边，她就一定会去寻找保存孩子尸体的办法。科学家们相信人类制作木乃伊的历史正是从这些孩子身上开始的。

他们在尸体上切开小口，去除内脏。尽管这些孩子已经不能再付出爱，但人们还是用这种温和的方法把他们留在身边，继续感受家人的爱。这些木乃伊表现了古人在死亡到来时对生命的渴望。

新克罗木乃伊是古人为化解悲痛而制造的最古老的木乃伊。

新克罗木乃伊居然比埃及木乃伊还要早，我们一向都认为埃及是专业制作木乃伊的创始国，难道木乃伊的历史要被重新定位吗？

这个问题得靠考古学家进一步的考证与发掘了。

印加儿童木乃伊

无意中的发现

1995年9月，安姆帕托附近的奈瓦多火山正在喷发，山顶涌出的火山灰高达1英里，纷纷扬扬地落在安姆帕托的山脊上。登山运动员和人类学家约翰·莱因哈德与米盖尔·扎瑞特登上被火山灰覆盖的安姆帕托山脊时，无意中发现了爆发的火山融化了秘鲁境内的一座冰墓，在里面发现了裹得紧紧的布包裹，一具女孩印加木乃伊！

15年来，约翰登上过100多座安第斯山峰，完成了各种高海拔的考古发掘工作，但这样的木乃伊还是第一次见到。

一些织物的碎片零落地散布在木乃伊周围。附近的冰面上，他们又发现了一个用金、银和珍稀的贝壳雕成的女性小雕像、骆驼骨、陶器碎片和两个装有谷壳和玉米穗的布袋。

考古学家在安第斯山区仅发现过几具冰冻木乃伊，而且其中没有一具是女性。

这个女孩，年龄估计有十几岁，可以猜测得到，她是作为祭祀仪式上的祭

71

品，被掩埋在安姆帕托山顶。

由于近年来的山脊崩塌，冰层和岩石顺着山坡下滑，将她从墓穴中捎带出来。由于山脊崩塌时，受到冲击，木乃伊最外面的一层织物已经被扯散，裹在里面的贝壳雕像和其他随葬品跌了出来，散落在周围的山坡上。女孩的面部已经风干了，约翰和米盖尔试着将她搬起来，它足有80磅重，显然，她身体的大部分还未解冻。

经过长途奔波跋涉，约翰和米盖尔抵达约翰在秘鲁的研究基地——位于阿瑞奎帕的天主教大学考古系。约翰找来生物系主任乔斯·卡瓦兹，对木乃伊的解冻情况进行了检查。"我们把她放进冷藏室的时候，裹在外边的织物仍旧有冰。"乔斯说，约翰长长地松了一口气。

"这是个世界性的重大发现，她是迄今发现的冰冻木乃伊中保存最完好的。"康纳德·斯皮德检查完木乃伊后作出结论。

命名胡安妮塔

康纳德是奥地利著名的提洛尔冰冻木乃伊研究组的负责人。在安第斯山脉的其他山峰也曾发现过印加祭祀的木乃伊，但没有一个如此靠近库斯科——印加王国的中心。安姆帕托木乃伊，科学家给她起名胡安妮塔，是第一个女性冰冻木乃伊，她的身体也是在美洲发现的木乃伊中最完好的。

胡安妮塔有乌黑的长发，修长的脖颈，丰满的双臂；她身披绚丽的羊驼毛披肩，静静地躺在安帕托峰顶；她年轻的生命属于山之神纳瓦多·安姆帕托。

安姆帕托，印加的神山，位于秘鲁境内安第斯山区，是一座海拔20700英尺的火山。印加人用最珍贵的东西——生命作为祭品，祈求它赐予生命之水、带来谷牧丰收。

这位印加少女就是500年前，一次印加祭祀中的祭品。她安眠在陶土的墓穴中，没有任何挣扎、勒杀、殴打的痕迹，或许她在被埋入之前就已经死去。

墓穴中，陪伴她的还有精致的小雕像、古柯叶和谷物。

胡安妮塔的身体组织和器官完好无缺，并且是自然风干，她冰冻的身体就象是一个生物学资料仓库。要想对胡安妮塔进行进一步的研究和观察，就必须把她冰冻的尸体保存好。

保存冰冻木乃伊，并不是简单地将它放进冷藏室。

冰冻木乃伊的保存并没有规范的先例标准。

从理论上来说，冰冻木乃伊的身体和其外部的织物，应该贮藏在比较潮湿的环境，而头部贮存湿度相应较小。经过讨论研究，来自几个国家的专家们一致决定：将冷藏温度保持在华氏0度~7度，湿度保持在80%。

科学家们着手褪下女孩的衣物，这是因为将衣物与身体分离保存是非常必要的一项工作。这是精细而紧张的工作，剥离织物要谨慎小心，既不能扯坏衣物，也不能损伤女孩的皮肤。而为防止木乃伊融化，科学家必须控制其离开冷藏室的时间。

精美的衣物

在分离身体与衣物的过程当中，科学家发现：女孩的辫子被一根黑色的细驼毛线系在腰带上，她的衣服是用精致的别针别住的，上面用细线吊着各种小木刻：盒子、酒器、类似狗和狐狸的器物。一个孩子被这样精心装扮，由此可以推断她可能是联系族人与山神的使者，人们对她充满了敬重。

胡安妮塔的外衣每一件织物都图案精美、色彩绚丽，引起了纺织考古专家的兴趣，来自华盛顿国家艺术馆的史前美洲纺织品的专家威廉·康克林，看到胡安妮塔亮丽的红白条纹披肩时，称其为世界上最精美的印加织物。

胡安妮塔的着装与14世纪的西班牙人潘多·雷恩在其书中的描述相吻合：她的衣饰应该是当时库斯科贵族妇女中最风行、最华丽的，毫无疑问，这将成为今后描述印加贵族妇女衣饰的范例。

不过，一些外衣对胡安妮塔而言，似乎太大，为她准备不相称的衣饰，也许因为印加人相信，女孩在死后仍然会长大成熟。

揭开"木乃伊"的神秘面纱

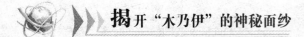
在胡安妮塔身边发现的羽毛编织袋里，科学家发现了500年前的供品——古柯叶，与现在的古柯植物没有什么不同，但利用先进的生物化学分析技术，科学家试图确定这些植物最初的发源地。

胡安妮塔周围的一些祭祀用品，如陶器、金银雕像都是研究印加文明的重要文物，胡安妮塔的发现是哥伦布发现美洲大陆时代以前，美州保存最好的木乃伊。

因为异常寒冷的气候防止了尸体的腐烂，许多细菌和真菌在这种极端寒冷的环境下不能生存。最有意思的生物学特征是她被完好地冰冻保存，生物学家说："从考古学上说，她的最大意义在于直接提供了人种史学和考古学的一些数据。"

胡安妮塔尸体的历史贡献

胡安妮塔冻结的尸体，所穿的柔软的纱织品和冻结了的血对科学家而言无疑是具有非常重要的研究价值的。DNA分析将能得到空前的关于印加人种生理学上的信息。

在安第斯山脉，大凡位于海拔17000英尺以上的祭祀遗址都属于印加文化。

1532年，印加王国的疆土从哥伦比亚扩展到智利中部，延伸了2500英里，是当时西半球最大、最发达的文明之一。在西班牙人的记述中，印加人用小孩来祭祀山神，祈求水和丰收，而安姆帕托是这一流域最重要的山神之一。

这样看来胡安妮塔有可能是作为祭品永远地留在安姆帕托山的，那么接下来的研究可以揭示她死亡的过程。

一些放射线学者和病理学学者根据她的头骨、肌肉、骨头、胃，已经能推想出胡安妮塔生命的最后时刻是如何度过的了。

通过她的DNA还可以分析出她来自何方，属于哪个部族。而她胃里的残存物，为科学家研究古印加的食物结构提供了咨讯。

印加相信安姆帕托山神是提供食物和水，阻止雪崩发生的力量，只要人能供给它祭品。

于是胡安妮塔，一个大约12到14岁的女孩，被幸运地选中作为祭品送给山神，上山之前，她吃了些蔬菜。

当到达祭祀平台顶端时，她已经非常虚弱和疲乏了，站在这个高度，她感到头昏眼花，然后她喝了杯浓度很高的酒。

牧师让她跪在神前。那天在安姆帕托山上一定很冷，胡安妮塔将她自己裹在质地优良的羊毛做成的披肩里。

当胡安妮塔死时，她一定非常高兴，感觉非常光荣。"她自己可能感到献给山神非常光荣，死后灵魂能永远和山神在一起，她是那么骄傲。"一名研究人员说。

最令科学家震撼的是女孩的右手，紧紧地攥住自己的衣角，这是紧张、痛苦、还是决心呢？一击重锤打在她的头上，结束了她的生命。

她在安第斯山脉的火山山顶已经躺了5个世纪。如果最近的一次火山爆发没有发生，她也许还会沉睡更多年。

印加儿童祭祀

印加儿童木乃伊是古人为安抚神明献上的牺牲品。除了胡安妮塔外，考古学家在6723英尺高的尤耶亚科峰上发现了一具8岁小男孩和两具小女孩的木乃伊。

美国纽约州宾厄姆顿大学人类学家托马斯·毕森博士这样描述这些孩子的尸首：他们有的头部被敲打致伤，有的被割开咽喉而死，有的则是被活埋了。这是那个年代献祭的几种方式。

5个世纪以前，在印加，有无数的儿童把生命献给了他们敬畏的神明。

埃及古物学者鲍伯·伯瑞尔博士说："史料记载，这些孩子必须是完美的，不能有任何瑕疵。所以你看，他们都很漂亮。这些孩子被印加祭司埋葬后，就一直在安第斯山巅安睡。"

鲍伯·伯瑞尔博士说："我的工作就是和木乃伊打交道。这些是我见过的

揭开"木乃伊"的神秘面纱

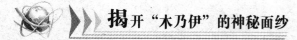

最令人吃惊的木乃伊。通常，当木乃伊冻结时，它身上的水分就会以蒸汽的形式蒸发。但是，这些木乃伊里面还残留着水分。"

这些孩子死得很平静。考古学家推测说，很可能是祭司先给他们喂了玉米啤酒和可可叶，等他们昏睡后再把他们活埋了。这些孩子在被埋在山顶上的时候，他们应该是沉沉地睡着了，但是这一睡，就永远不会再醒来。

考古人员在2004年5月在秘鲁首都利马南郊的帕夏卡马克地区发现了一片保存完好的祭祀墓地。其中包括多具活人祭品的遗骸。其中有两名儿童的遗骸显示出头部被利器猛烈击打、活埋或被绞死等强迫死亡的迹象。考古专家称，这些是在秘鲁发现的年代更为久远的人类遗骸，时间大约在1000～1500年前的印加文明时期。这些人类遗骸是古印加人拿儿童做祭品的有力证据。

这些印加儿童木乃伊让人们了解到，一个曾经强大的帝国曾经付出怎样的代价去安抚神明。这些可爱又可怜的孩子生前被残忍地献给了所谓的神明，充当了祭品。死后500年，为打开人类历史上的一把疑问之锁，他们还用自己的躯体做了奉献。

孩子为何成为祭品？

原来在16世纪早期，印加帝国统治时期，秘鲁库斯科城西北112公里高原上的马丘比丘古城曾是印加人的精神中心。他们把周围的山峰奉为神明，向神明献礼是当时必做的事情。

宾厄姆顿大学人类学家托马斯·毕森博士描写当时人们的心态是："如果你向信仰的神献上祭品，神就会给予你回报，让你心想事成。印加人最大的希望就是雨水充沛，农作物苗壮生长，同时还希望六畜兴旺。"

而印加人认为他们能献出的最珍贵的祭品就是孩子。孩子是帝国的未来。只有容貌俊美、血统纯正的孩子才有资格成为祭品。

而且据史料记载"如果孩子被选中，父母会感到荣幸。当地贵族甚至自愿献出自己的孩子"。1532年，印加帝国被西班牙人占领。西班牙人在很大程度上破坏了印加人的信仰。

胡安妮塔面临腐烂

据悉，美国史密森学会一位专家在秘鲁南部城市阿雷基帕休假期间，觉察到闻名海内外的秘鲁"冰少女"——胡安妮塔——这位500年前为上帝献身的印加少女的冰木乃伊，可能因潮湿正面临腐烂的危险。

胡安妮塔所在的玻璃箱子中有潮气，一位不愿透露姓名的专家向秘鲁当局报告说，如果潮气问题得不到及时解决，木乃伊有可能在5年内将腐化到最终无法修复的程度。

胡安妮塔身上还有许多未解之谜，进一步的研究，还需要更多科学家的参与，不仅是考古学家、人类学家，对她的研究还涉及到病理学、微生物学、寄生虫学、生化学、妇科医学、冶金、植物学、陶瓷考古、纺织考古、甚至还需要鸟类学专家来鉴别她的羽毛头饰。

意大利天主教木乃伊

8000具木乃伊

在一个神秘天主教地下墓穴，人们步行走在碎石地下室中，可与几百年前保存完好的8000具木乃伊尸体面对面近距离接触。这听起来有点儿像恐怖电影中的惊悚情节，但实际上这是真实存在的，目前意大利西西里岛巴勒莫的天主教地下陵墓每年吸引了数以千计游客慕名前来一睹神秘的木乃伊尸体。

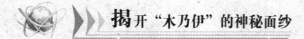
据统计，在这处天主教地下墓穴的墙壁上共悬挂陈列着8000具木乃伊尸体，这些尸体的脖颈和脚被吊钩悬挂，穿着价值昂贵的衣服，尸体的头部下垂着，看上去就像在默默地祈祷。

这些木乃伊尸体摆放姿态各不相同，比如：两个儿童并排地坐在一张摇椅上，男人、女人、少女、儿童、僧侣和天主教徒都分别被陈列。

天主教徒的墓穴

陈列的木乃伊尸体是一种社会地位象征。这些木乃伊究竟是些什么人？他们是如何在这儿的呢？

原来这处天主教地下墓穴的历史可追溯至16世纪，当时天主教徒挖掘了这个地下墓穴。

第一位天主教徒木乃伊是西尔维斯特罗，他的尸体吸引了到访的参观者，来自各地区的人们看着他的尸体默默祈祷，对他表达了一种由衷的崇敬。

虽然最初这个地下墓穴原计划仅用于陈列已故的天主教修道士，但很快意大利当地的富人和知名人士都对这个神圣的地下陵墓产生了兴趣，纷纷计划死后将尸体陈列于此，作为一种社会地位的象征。

事实上，许多当地名人都改变了传统的死亡埋葬方式，希望这处天主教地下墓穴成为自己的最终归宿。他们死后穿着特制的衣服，这些衣服每隔一段时间由死者家属捐款出资进行更换。

这种木乃伊尸体处理使死者即使死亡之后仍保留其身份和尊严、地位，尸体的外衣被更换为最时尚和最昂贵的布料。

据称，这处天主教地下墓穴还保存着西班牙著名画家委拉斯凯兹的尸体，但是其尸体具体位置尚无人知晓。

西西里岛人以这处地下墓穴为骄傲，到访者经常慕名而来，并向死者进行祈祷。

2岁的小女孩

据悉，最后一个保存在这儿的尸体是一个小女孩，年龄仅有2岁，名叫罗莎利娅·洛姆芭尔多，当时尸体保存的时间是1920年。她是死于肺炎，由一位名叫阿尔佛雷德·撒拉菲亚的医生进行尸体保存，这位医生是当时唯一一位能够进行尸体防腐的天主教徒。她的尸体保存几乎完整无缺，从她的黑发碧眼到细致的眼睫毛都清晰可见。

沼泽木乃伊

神秘的沼泽地

沼泽地，一个被诺贝尔奖获得者SeamusHeaney称为恐怖、神秘、黑暗的地方。

数千年来，它们的泥浆隐藏了数千具尸体。现在他们从黑暗中浮起，脖子上套着绳索，咽喉被撕裂，头骨被敲碎。

事实上，他们被不可思议地保存完好。这些人是谁？他们怎么会在沼泽里？最新的研究揭开了部分围绕着这些木乃伊的种种神秘之处。

神的住所

满是黑水和死去的植物的沼泽占据了北欧的大片区域，它们的历史长达1万

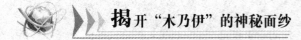

年。在传说中，沼泽是神秘和恐怖滋生的地方。

但是在公元前，北欧的日耳曼部落把沼泽当作神的住所。他们为沼泽献上他们最珍贵的财产，从铁制工具到金币，有时甚至是无价的生命。

研究表明他们死亡的原因通常是：被执行死刑的罪犯，或作为祭祀的祭品，或是被谋杀的受害者。

北欧的沼泽木乃伊皱皱巴巴、满头红发，看上去如同恶魔，但他们是献给众神的祭品。他们向现代人证明了活人祭品的传说在人类社会中曾经存在过。

曾经有那么一度，人的生命，是古人能够为神明献上的最珍贵的祭品。

惨无人道的历史真相

伊蒂女郎

这种惨无人道的历史真相直到19世纪末才被发现。

一天两个荷兰农夫在伊蒂村庄附近挖出了一具皱皱巴巴、满头红发的尸体。看上去像一个皱巴巴的果脯，人们很难把她当成一个人。

碳14年代测量法表明，这个被称为伊蒂女郎的木乃伊死于2000年前，死时年仅16岁。

她脖子上的一根绳索告诉了人们：她年轻的生命是怎样被结束的。

伊蒂女郎被发现的时候，是什么防止了她的尸体腐烂的呢？

研究发现是沼泽之中一种能把人的尸体皮革化的物质防止了她的腐烂。这种物质是一种名叫泥炭藓的苔藓。泥炭藓首先会从尸体上吸收钙，这样一来，细菌就无法滋生，尸体也就不会腐烂了。在这个过程中，它会把尸体的皮肤变得像皮革一样。

托兰德男子

20世纪，人们在沼泽里共发现了2000具铁器时代的木乃伊。这些木乃伊都有一个共同点：死亡方式异常地悲惨。他们向人们讲述了那个残酷的时代。

托兰德人就是一个在丹麦发现的欧洲最著名的有2100年历史的沼泽木乃伊，

在所有的沼泽木乃伊中，那位托兰德男子应该是最出名的。

1950年5月，托兰德人是在丹麦被两个农夫发现。

当农夫的铁锹挖到这具深埋地底2米半深的尸体时，他们以为发现了那位在一年前随着班级出游而离奇失踪的哥本哈根学童。他们哪里知道这个看起来仍然这么"鲜活"的人，却早在2400年前就已经作古了。

托兰德人除了戴一顶羊皮革睡帽外，全身赤裸。

帽底下的面部表情看起来依然栩栩如生！

他的胡须甚至还留在平和感十足的脸上，脚掌上的伤口则是因为赤足走过尖锐的石子所留下的，跟其他的沼泽木乃伊一样，他的消化系统里也有鞭虫的残迹。

他的头因长期没在泥浆里而变成褐色，眼角有斑点。

"全世界的人都为之着迷，许多人惊讶于他平静的表情，而这其实是有误导的。"基督教信徒，沼泽地尸体研究专家，丹麦Silkeborg博物馆馆长Fischer如是说，"他看上去与世无争只是因为他的尸体被非常小心翼翼地放入墓穴，他的眼睛是死后才合上的。然后他被放入沼泽地，可能那是通往死后灵魂世界的大门。他全身蜷曲，脖子上的皮带和套索表明，他是被绞死的。"

这位沉睡于沼泽中的男子，现在躺在离发现地点10公里远的丹麦锡克堡博物馆内。法医、指纹鉴定专家以及牙医都帮他做过X射线检查，并加以解剖、测量。

并不是每一具木乃伊都有资格躺在博物馆里，大概20来个"幸运儿"成为现代人见证历史的佐证，他们身上大部分都带有被处死过的痕迹：有的是被吊死的，有的骨头被打断，有些咽喉被割断，然后被投进沼泽里。

沼泽木乃伊的异常出现源于独特的沼泽化学成分。当尸体被放入沼泽泥浆中，到处都有的沼泽植物泥炭藓开始在尸体上生长，将它埋入阴冷、缺氧、酸性的地下环境中。

科学地研究这些沼泽地尸体的工作远未展开。在锡克堡博物馆展示的托兰德人，在未来科技更进步时，他会提供更多的线索。"下一步是DNA分析，"专

揭开"木乃伊"的神秘面纱

家说，"沼泽地的水改变了遗传基因，但总会有剩下没变的，比如在牙齿里。"

据研究那个托兰德人是吉特兰村的居民。他们的小村落大约只有6至8户人家。

那时候，人是住在房舍的西边，而东边则是厨房和猪舍。不过那里的人并没有任何关于人们被处以绞刑且沉没至沼泽的原因的记录，像托兰德男子被吊死这样的例子并没有记载。

至少，人们目前还没有发现任何有关这方面情形的文字记载。

目前众所周知的唯一一份文字证明源于生活于公元55年至120年的罗马历史学家塔奇图斯。

他所著的《日耳曼民族》一书提到：日耳曼人会将他们社会中的败类沉入沼泽或深渊中，像逃兵或伤风败俗之类的人。

一些研究者对此话有所置疑。因为古代北欧人把沼泽视为神圣、神秘之地，他们把祭品沉在沼泽里。因此，这位托兰德人男子的死因至今仍是一个谜。

不过关于托兰德人，人们还是从他身上有一些发现的，比如他死亡前享用的最后的晚餐，许多专家检测出这餐饭有大麦、野生的燕麦、两耳草、亚麻种子和鹅腿等等，总而言之，他吃下了至少含有三十多种壳物的稀饭。这一点对于研究日耳曼民族当时的食物种类有一定价值。据说有两位英国的考古学家按照这个食谱如法炮制，尝过之后觉得这味道很恶心。

艾林妇女

女性是沼泽木乃伊的主角。在托兰德人男子发现地的不远处，人们挖掘到一位梳着复杂发辫、年轻的艾林妇女。大约在2400年前被人用皮带吊死，她有一头长及臀部的秀发，而且被编成辫子，这种发型在早期的石器时代就已经存在。今天，我们仍然可以看见她那保存完好的发辫。在她颈子的皮肤上有一个很深的倒"V"的印子。一个皮带的活结就在这个位置上。人们就用这根皮带将她送上祭坛。

隐藏千年的尸体

目前这些原本被淹没于沼泽中的男人、女人，已经约有20具躺在离发现地点10公里远的锡克堡博物馆内了。法医、指纹鉴定专家以及牙医给他们做X射线检查，并加以解剖、测量。可以说他们是现代人研究和见证历史的人证物证。

这些沉默的北欧祖先，是不会张开嘴巴向现代人讲述他们的遭遇和他们那个时代的事情的，因此在没有任何文献资料的情况下，专家们只能一步步摸索研究了。

他们是祭坛上的祭品，还是被谋杀后沉入沼泽的？后人就不得而知了，但总归要属于其中一种吧。

一位叫费雪的考古学家站在托兰德人男子的玻璃棺前已不下数百次了。他注视着托兰德男子熟睡的脸，感叹道："他永远不会开口说出他真正的死亡原因的。"

数千年来，神奇的天然防腐剂——沼泽地的泥浆隐藏了数千具尸体。

不可思议的是，那些尸体被保存得相当完好。沼泽木乃伊的异常出现源于独特的沼泽化学成分。尸体被放入沼泽泥浆中，到处都有的沼泽植物泥炭藓开始在尸体上生长，这种植物和它的分解生成物，甚至它的腐植酸会结合一些物质如钙氮，它们能隔离开人体和石灰质，隔开腐蚀尸体的细菌和它们的重要养料。

将尸体埋入阴冷、缺氧、酸性的地下环境中，许多微生物在分解死尸时需要氧气，但是氧气通常不存在于像那样潮湿的深层地底。

如果泥炭藓坏死了就会成为泥炭，接着又会长出一层新的藓苔。渐渐地就产生了比周边环境还要高的高地沼泽。

平地沼泽内只能保存骷髅，而由于高地沼泽的雨水不含矿物质，所以能够保存泥炭藓的酸性和尸体的肉质不腐。

揭开"木乃伊"的神秘面纱

83

格陵兰木乃伊

令人向往的格陵兰岛

世界上没有任何一个地方可以像格陵兰岛那样给人们带来冰雪冒险的快乐。

格陵兰岛的城镇之间没有公路，也没有铁路。如果想参观格陵兰岛，那就得靠飞机了。

飞行在格陵兰岛上空可是相当刺激的经历，冰河在群山之间不停歇地穿梭，这种景象很难在别处看见。

从机窗向外观望，千万不要太激动。格陵兰岛85%的地面覆盖着道道冰川与厚重的冰山，看不见一个花骨朵。

千姿百态的冰山与冰川纠缠成奇景，游客会觉得自己一会儿置身于剑拔弩张的古战场，一会又到了万马奔腾的原野。

格陵兰岛的冰块内含有大量汽泡，放入水中，发出持续的爆裂声，叫"万年冰"。喝上一杯放了"万年冰"的啤酒，清冽的滋味一直荡到胃的底部。

格陵兰岛的冬季有持续数个月的极夜，格陵兰上空会出现色彩绚丽的北极光，如五彩缤纷的焰火喷射天空，给格陵兰的夜空带来一派生气，让人怀疑是不是有仙女和精灵要来造访。

格陵兰的爱斯基摩居民长着蓝眼睛与黄头发，住在冰屋里，筋骨绝对结实！他们在冰山合适的部位凿出类似于延安窑洞似的屋子，用大块的冰砌成半圆型，房子还设有冰窗与挡雪墙。冰屋十分漂亮，如果你的火力不够旺盛的话，还是不要轻易尝试。否则，醒来成为冰冻木乃伊，后果自负。狗拉雪橇，还是可以放心玩一玩的。

洞穴中的木乃伊

1972年两名猎人在格陵兰西海岸的一个洞穴中躲避风雪时，在洞穴中发现了许多木乃伊，包括6个女人、2名婴儿，但没有男人。

学者们说，这种情况很奇特，他们分析不出来也不能肯定发生了什么。

通过碳14年代测量法，科学家们确定，这些木乃伊已经有500年的历史。虽然历经5个世纪的沧桑，但它们依旧保存完好。

丹麦哥本哈根大学人类学家尼尔斯·林纳鲁普博士说："在北极地区，自然造成的木乃伊通常有一个冷冻干燥的过程。如果尸体所处的位置正好能够避开雨雪的侵袭，那么它们的软组织就会脱水，这能阻止尸体腐烂。"

爱斯基摩人的祖先

木乃伊所穿的裤子和毛皮上衣都是爱斯基摩人独有的款式。衣服的外层是用海豹皮制成的，而衣服的里层则用鸟类的皮制成。当时的爱斯基摩人已经超越简单的生存，发展出了装饰艺术。

有些老年女性的脸上竟然有精致的文身。和分娩一样，文身的痛苦也令人难以承受。他们要用兽骨做成的针和熏黑的动物肌腱做成的线在皮肤上缝几百针。学者们推测，文身是已婚或者已经有了孩子的标志。

科学家们推测这些木乃伊可能属于两个家庭。女人们都活到了生育后代的年龄，但是却在突然间死去。有好几种假设。最合乎逻辑的是男人常常外出打猎，如果他们没有回来，那么依靠他们生存的人就不可能活下来。

用X光扫描这些木乃伊后，科学家们发现一个女人的头部长了肿瘤，而年纪较大的那个孩子有骨头病变的症状。对于两个共同对抗严冬的家庭来说，这些疾病就意味着厄运。

揭开"木乃伊"的神秘面纱

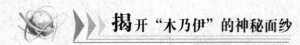

最后死去的也许是年纪最小的孩子。很显然，有一个最小的孩子是被活埋的。人们猜测，他的妈妈死后，没有人能够照顾他，所以人们就把他和他的妈妈一起埋葬了。

尽管死时的情景很凄凉，但这些木乃伊还是能够证明爱斯基摩人的性格和他们的家庭状况。

格陵兰木乃伊讲述了爱斯基摩人的过去，显示了爱斯基摩人的祖先是怎样在如此艰苦的环境中生存延续到现在的。它展示的是北极圈内人的历史。

格陵兰木乃伊还正在研究当中，许多的谜团都等待着解释。

拉美西斯二世木乃伊

统治者拉美西斯

拉美西斯二世是埃及历史上有名的法老，因此发现他的木乃伊就像一下子发现了华盛顿、林肯、亚历山大或者克利奥帕特拉的木乃伊一样，引起了全世界有关专家学者的兴趣和关注。可以说拉美西斯大帝的木乃伊是人类历史上最著名的木乃伊。

拉美西斯二世的木乃伊如今安放在埃及国家博物馆。

这个法老中的法老，在13世纪曾统治埃及长达67年之久。编年史作者记载说，他统治下的埃及是一个军事强大、纪念性建筑众多、似乎永远繁荣的国家。

在这个国度里没有饥荒，没有纷争，不存在希伯来奴隶，尼罗河从不泛滥，也从没有青蛙、苍蝇或者疖子。

拉美西斯木乃伊除了引导科学家分析研究古埃及历史之外，还引导科学家进行了一项空前的试验：现代科学能够复制古老的埃及木乃伊技术吗？拉美西斯在生前拥有无与伦比的财富和权力。在他死后，歌颂他丰功伟绩的纪念物在埃及随处可见，包括卢克索的拉美西斯神庙和阿布·辛拜勒神庙前的巨型雕像，这倒符合拉美西斯生前的愿望：让自己的名字永远流传。所以在埃及，你几乎在每处遗址都能找到拉美西斯自己修建的纪念物。

罐子里的器官是谁的？

100多年来，科学家认为标着拉美西斯二世名字的4个光滑的蓝色罐子是装着这位埃及法老的内脏器官。但分析从罐子里刮下的有机残渣，可以断定其中一个罐子里装着芬芳的香膏，而第二个罐子里却装着与这位法老完全不同的一个人的器官，这人生活在拉美西斯二世之后大约760年左右。

现在的问题是：这个人会是谁？

"我们认为这是一位不知名的重要人物，其中有两大原因，"此研究报告的一位作者雅克·柯曼说，"首先他或她有资格进入此著名的罐子里，其次他或她的器官用纯乳香树脂作了防腐处理。据我们现有的化学知识，这是埃及木乃伊上使用的一种不同寻常的香膏，特别是在罗马时期，这更加少有。"

有关这些罐子的不解之谜从1905年就有了，当时，它们被存放到了巴黎罗浮宫博物馆，直到现在它们还呆在这里。到罗浮宫博物馆不久后，研究人员切开了其中一个罐子里的一个包，掏出了一片心脏。如今虽然这个包丢失了，但从这一点来看，此容器标明是拉美西斯二世"礼葬罐"。在古埃及，权贵人士用瓶、瓮或罐来盛放一具填充了香料的尸体内脏，称为"礼葬"。

法国路易斯-巴斯德大学的生物有机地球化学实验室教授柯曼及其同事对这种说法表示怀疑，特别是当后来在拉美西斯二世的木乃伊中发现他的心脏时，更不相信罐子里的心脏是拉美西斯二世的。研究人员最近通过放射性碳对4个罐子中的2个残余物进行了年代测定，并利用分子生物标记来识别其内容。此研究报告已经被《考古科学杂志》接受，并同意发表。

研究人员认为，这些罐子之后又作为礼葬罐重新用了数百年。埃及文物保

揭开"木乃伊"的神秘面纱

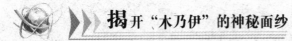

护局局长皮纳特·波勒弗丝表示，她同意此发现，因为他们大大地纠正我们对罐子的认识，很长时间以来，他们局的保护人员怀疑这不是拉美西斯二世的礼葬罐。她说，罗浮宫已经答应更换此罐子的标签说明，同时还对它们的历史写一个详细的正确的说明。

柯曼表示，他希望今后能分析博物馆里的其他物品和材料，因为许多东西更有可能贴错了标签。"有时科学地反复验证不能进行，或很久之前没有采用适当的验证方法，"他解释说。

雕塑和石棺上的油漆、焦油和其他遗物，还有英国博物馆中的木乃伊动物，如鳄鱼、猫和朱鹭所使用的防腐材料，科学家都有兴趣，想检测一下。除非有补充材料出现，否则，部分尸体曾被埋葬在古老埃及罐子里这位贵宾将会永远认不出来。

拉美西斯二世在位67年，是古埃及历史上最著名的法老，是一位强大的国王，一位战无不胜的将军，一位和蔼可亲的父亲，一位不知疲倦的建设者。约公元前1290年出生于孟斐斯。他的父亲塞提一世娶了一位骁勇善战的将军的女儿杜雅为王后，他们共生有四个儿女，两男两女。但大儿子很小的时候就夭折了，这使拉美西斯顺利地登上王位。拉美西斯没有花费太长时间就学会了很多东西，特别是作为国王所必需的两项技能：以军事手段征服敌方和建造王宫。无论是在征战还是在建筑方面，他都取得了成功。如今，在埃及没有一处土地不带有他的足迹。他很小的时候就开始在"法老学校"学习：10岁时在军中任职，15岁时父亲带他参战，以保证他将来成为一位智勇双全的国王。生有100多个儿女，他的一生得到了许多称颂。敌人惧怕他，臣民爱戴他，神灵保佑他。拉美西斯的真实故事向我们展示了他人性化的一面，他的感情世界，他树立自身形象的过人本领，以及他如永恒史诗般的遗体。埃及在他的统治下空前繁荣，无论是威望还是财富在当时的世界上都首屈一指。他功勋卓著，被历史学家奉为"大帝"。生活在古埃及第十九王朝的拉美西斯在人类历史上留下了不可磨灭的印迹。

拉美西斯在96岁时去世，防腐工匠的职责就是保住他的身体，以便他在死后使用。拉美西斯二世的尸体被精心修饰，它的奢侈程度超乎任何人的想象，尸体所穿的服饰也异常华美。展室幽静肃穆，紧裹着亚麻布的木乃伊双手交叉放在胸前，仿佛正在安睡。

由于盗墓者的光顾，一些法老的木乃伊早在公元前1000年就已消失。但是还好，拉美西斯的尸体只是在一座秘密陵墓中躲藏了3000年，并没有消失。当时的祭司把他和其他一些法老的木乃伊秘密转移到了安全的地方。

尽管逃过了3000年，可最终还是没有逃过尘世的惦记和骚扰。在18世纪晚期，市场上突然出现了一大批古埃及的艺术精品。一位文物保护调查员顺藤摸瓜找到了一个盗墓家族。不堪严刑拷打的兄弟俩终于说出了文物的来源。

长岛大学波斯特分校埃及古物学者鲍伯·伯瑞尔追随了这位调查员的足迹。墓室里有十几口王室的棺材。人们终于找到了法老们最后的栖身之所。鲍伯·伯瑞尔说："很少有人进入这座坟墓，我是其中之一，这段经历非常特别。这是历史发生的地方。"这是埃及历史上最激动人心的发现。这里有不同王朝的木乃伊。人们第一次目睹了拉美西斯大帝的容貌，他也许就是《出埃及记》中描写的法老。

拉美西斯的尸体保存完好。但埃及人从没记录下他们是怎样制作木乃伊的。伯瑞尔想进行一项大胆而恐怖的试验。他决定选择一具现代人的尸体，用古埃及人的方法把它制成木乃伊。

众所周知，古埃及人在制作木乃伊时会把尸体的大脑从鼻子里掏出来，但他们是如何做到这一点的呢？其实方法很简单，但是令人无法忍受。他们把一个衣钩状的工具从鼻腔塞进颅骨里，用力搅拌，直到大脑变成液状，然后把尸体反过来，大脑就会从鼻子里流出来。接着，伯瑞尔用黑曜石刀在尸体的腹部切开一道小口，取出全部内脏。但古埃及的木乃伊都留有心脏，因为古埃及人认为心脏是灵魂的载体。古埃及的防腐工匠用一种叫作"纳纯"的盐覆盖在尸体上，让尸体脱水。脱水是保存尸体最重要的一步。因为如果尸体能迅速脱水，细菌就不能使之腐烂了。

35天后，伯瑞尔的小组把尸体从纳纯中取出来。他们制作的木乃伊和古埃及的木乃伊几乎完全一样。伯瑞尔说："人们在制作木乃伊的过程中学到了很多东

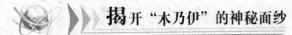

西。人们学会了利用防腐技术，了解了制作木乃伊的全过程。人们知道了要用多少纳纯才能使尸体脱水。在这三方面人们都获益匪浅。"科学家仍在研究伯瑞尔制作的这具现代木乃伊。把它和拉美西斯的木乃伊进行比较，从中更清楚地了解古埃及人保存尸体的方法。

拉美西斯这位古埃及皇室成员的木乃伊对科学家们的研究至关重要。由此现代人可以了解古埃及人的健康状况，了解古埃及最富有的成员所吃的食物……

拉美西斯大帝——这位埃及最伟大的法老，由于它的木乃伊帮助现代人解开了古埃及人制作木乃伊之谜，因而他的木乃伊成为世界十大木乃伊排行榜上的冠军。

拉美西斯二世的木乃伊教会了现代人制作木乃伊的古代方法，人们从他身上也了解了不少古埃及的事情，当然这位古埃及大帝的贡献不止于此，通过对他的尸体的研究将有可能获得更多的人们意想不到的东西，让我们一起期待吧！

黄金木乃伊

毛驴踩出木乃伊

1996年的一天，一名负责古迹保护的巴哈利亚警卫骑着毛驴在巡逻，突然小驴一只腿陷入地下一洞内，他差点被摔下。他翻身下驴后仔细观察，原来此洞是古墓顶上的通气孔，用随身携带的手电筒往洞里一照，出乎意料地看到了耀眼的金光。小警卫怎么也没有想到，自己的小毛驴竟然会踩出埃及最神秘的"黄金木乃伊谷"。

巴哈利亚古文物调查委员会在得到这一惊人消息时，立即意识到其重要性，于是组织了一支考古队在毛驴踩出的大洞周边地区开始进行勘测。3年的时间转眼即逝，可是考古学家们没有一点新的发现。正当以哈瓦斯为首的这支考古队准备打退堂鼓的时候，挖掘行动却取得了进展。

1999年，哈瓦斯带着自己的队友在巴哈利亚首府安营扎寨，对神秘洞口所在的方圆6公里的地区进行细致的搜索，终于发现了4个墓穴，共105具木乃伊，这些被发现的木乃伊保存得非常好，几乎没有任何的损坏。

自此，日后名扬国际的"黄金木乃伊谷"拉开了发现的序幕。

专家透露，黄金木乃伊谷有上千具木乃伊，更令人惊奇的是，这1000具木乃伊上全都穿着厚薄不一的黄金打造的外衣！

这是继图坦卡蒙法老坟墓发现以来埃及考古史上最大的发现——一只驴失蹄引出了1000具木乃伊。

没有人知道2500年前的这个黄金木乃伊墓群到底是怎么形成的？也没有人知道这个"黄金木乃伊谷"里还埋藏着多少的秘密？

据考证，这些木乃伊的年代为公元前500年左右，距今已有2500年的历史。

另外，这次挖掘还发现了古埃及26王朝时期一个装在人形石棺中的"绿洲统治者"的墓穴，古墓的造型独特，进入墓口后，正面是一拱顶小厅，顶部绘有色彩艳丽的图案。

穿过小厅，是一从岩石中开凿出来的呈四方形的殡葬室，室内有一个巨大石棺，棺盖上刻有"绿洲统治者"字样。这名"绿洲统治者"的尸体已腐烂得所剩无几，他躺在一副石棺里，这副石棺的外面还有另一副石棺，石棺上都刻满了护身符。

在墓穴四周围墙壁上刻画着这名统治者的生平活动，此人的地位和尊严堪与埃及法老相提并论。

考古学家最近在位于巴哈里亚绿洲（在开罗西南方向约300公里处）中的金木乃伊谷中又发现了20具被黄金包裹的木乃伊。

到目前为止，专家们总共已在该地区发掘出了234具木乃伊。考古学家们在这些木乃伊的旁边还找到了50枚古代铜币。

名门望族巴迪

埃及考古学家又从"黄金木乃伊谷"中挖掘出一个古墓。墓中有一具黄金木乃伊。

据考证，墓地主人名叫巴迪，是2500年前古埃及西部统治者的家庭成员。是时任拜哈里耶市长的兄长。他的石棺重达15吨。

据考证，巴迪是巴哈利亚当地一个极其显赫的家族成员，很可能同时也是巴哈利亚地方长官杰德·库胡苏的孙子。埃及考古协会主席扎希·哈瓦斯推测，亚历山大大帝于2400年前取道巴哈利亚前往孟斐斯。这一发现使得考古学家们得到了一个很好的研究曾经统治了巴哈利亚数年的当地名门望族的机会。

从墓穴的整体构造以及巴迪·赫卡赫伯所居的石棺来看，可以看出其家族的奢华和富有——整具石棺是用当地极其罕见的石灰石制成的，石棺的厚度足有好几英尺，净重达15吨。更主要的是，石棺的做工非常精细，从外观上根本就看不出任何的打磨痕迹！

这不禁让资深考古学家马苏尔·布拉克感慨地说："从石棺的取材上来看，这个家族可以从100公里以外运回罕见的石灰石，单单从这一点上就可以看出这个家族有多大的势力和财富。如此精致和巨大的石棺以前从未见过！"

据埃及权威考古学家哈瓦斯介绍，这次新发掘的墓穴占地约2平方英里，规模非常庞大，但是巴迪·赫卡赫伯墓穴的发现完全是一个"意外"。哈瓦斯解释说："说实在的，在巴迪·赫卡赫伯家族的族谱上根本就没有他这个人存在，究竟是为什么，我们现在还没有弄清楚，或许这后面又蕴藏着一个不为人知的秘密！"

在这个巨型墓穴中，巴迪·赫卡赫伯不会觉得"孤单"，因为还有很多人在陪伴着他。

从木乃伊身上的镀金图案和装饰来看，与巴迪·赫卡赫伯一同安息的19具木乃伊生前应该都是中产阶级，不过令考古学家们感到痛心的是，因为曾经被洗劫过，所以大部分的木乃伊已经被毁坏，有的甚至已经是残缺不全。

据考古学家推测，那些罗马时代的洗劫者将墓中大部分木乃伊身上的镀金外壳都撬走了，这使得木乃伊失去了"保护伞"。

尽管如此，哈瓦斯仍表示，这座墓穴仍是埃及最大的一处出土文物，具有无可比拟的研究价值。

出土的珍贵物品

除此之外，还有一些珍贵的饰品，比如说手镯、耳环以及一些古币。通过对古币的研究，考古学家断定这些木乃伊应该是生活在希腊到古罗马时代。从这一系列的陪葬品来看，墓穴的主人应该都是贵族。

在发掘过程中，考古学家除了发现数具木乃伊之外，还发现了很多远古的器物，诸如状若服丧的年轻妇女雕像，做工非常精细，就连女子的悲伤表情也被表现得淋漓尽致，可谓是文物中的上上品。还有一些模仿众神制作而成的小雕像，最显眼的非喜神贝斯莫属，表情也是同样的逼真。

在挖掘期间，在一个大的埋葬间中，只有两具木乃伊，从他们的装饰可以分辨出这两具木乃伊应该是一对夫妻，而且很可能是一对非常恩爱的夫妻，因为那具女木乃伊的脸是朝向丈夫的脸。两具木乃伊都镀了厚厚的一层黄金，他们脸上的黄金面具非常的精美。女木乃伊的头上带着一个精美的花冠，但是因为时间的关系，花冠的3/4已经被毁掉了。

在他们旁边的埋葬间中的木乃伊则很可能是一家人，有大人也有小孩。不同于大人，小木乃伊上都镀上了黄金。

巴哈利亚绿洲

据史书记载，木乃伊谷在古代曾经相当繁华，只是到了公元400年左右，由于遭到游牧民族的破坏，该地区的农业渐趋衰落，绿洲也逐渐被沙漠吞噬。直到

揭开"木乃伊"的神秘面纱

93

木乃伊谷的墓群被人无意中发现，寂静的绿洲才重新热闹起来。

科学家们将继续对巴哈利亚绿洲地区进行发掘，以便找到该地区第一位统治者扎德哈诺（音）的埋藏地点。

得益于酒类和椰枣贸易的盛行，巴哈利亚绿洲一度曾成为古埃及时的经济重镇，因此对其进行发掘有可能会取得重大的考古发现。

多姿多彩的动物古尸

动物被神圣化

据说，古时候的埃及人常把一些动物视作神的化身，认为众神可以通过这些动物出现在尘世中。例如，专管木乃伊制作的阿努比斯神与狗、狼和狐狸相联；女神巴斯特与猫相联；太阳神拉蒙与猎鹰相联；月亮神透特与朱鹮相联，等等。

这些动物都与古埃及人的生活密切相关，他们认为这些动物也是有感情和神性的，是众神赐给人类的。这种将动物神圣化的观念发展到一定的程度，就出现了动物木乃伊。

法国考古学家在一个古埃及陵墓中首次发现了一具雄狮木乃伊，研究成果刊登在英国科学杂志《自然》上。这次考古发现对于研究晚期古埃及文明具有重要意义，由此证明了一个古老的传说——早在公元前古埃及人便已将狮子奉若神明。

动物被制成木乃伊

当被视为某神化身的动物死了后，人们也对它们进行与人类似的防腐处理，并举行隆重的安葬仪式。到了古埃及后王朝时期即公元前11世纪以后，由于人们信奉的神越来越多，可以被神化的动物都被利用了，但仍供不应求。

于是，有人专门饲养大批动物，还未等它们自然死亡，便制成木乃伊，出售给那些神的信徒们，供他们祭献并埋葬在重要的崇拜中心。

这种习俗与东方信佛的人进庙前都要准备香烛很相似。因为进献的动物木乃伊越来越多，在崇拜该动物的地区附近便出现了动物的墓地。

如在崇拜女神巴斯特的中心布巴斯提，就出现了一个巨大的猫墓地。在信奉透特神的赫尔摩波利斯，有一个朱鹮的墓地。

到了公元前4世纪希腊罗马人统治埃及后，由于流行崇拜巴斯特神，猫成了"抢手货"。为了赶制猫的木乃伊，许多"神圣的"猫都活不到两岁，就被人折断脖子，或被人打死。

然后，它们的头部用石膏定型，再饰以彩绘。为了将它们制成风华正茂的锥形，制作师一般是将它们的前腿折叠于胸前，再将后腿向上折叠于腹前。

当动物被制成木乃伊后，它便只剩下了骨骼，但经过仔细的捆扎后，其形态仍很逼真。埃及法老的木乃伊是世界知名的历史文化遗产。

发现狮子木乃伊

2001年11月，由法国国家科研中心的资深考古学家阿兰·兹维领导的考古队，在位于尼罗河流域沿岸、埃及北部的塞加拉村发掘出一个古埃及陵墓。那座陵墓在古埃及语是"勇者"的意思，是为了纪念古埃及法老图坦卡蒙的奶妈而兴建的。

据历史记载，"勇者"陵墓始建于大约公元前1430年，1000多年后，古埃及

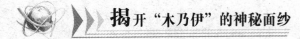

人又在它的下部兴建了大型地下陵墓。

法国考古学家在发掘整理这个陵墓里的一大堆动物和人体遗骸时，意外地发现了一具特别的动物木乃伊。

因为年代久远，这具动物遗骸受到了相当程度的破坏，但是考古学家们语气肯定地认为"这是一具不折不扣的雄狮木乃伊"，"这具显然属于猫科动物的木乃伊，其遗骨保存得相当完整，而且骨架更是史无前例的巨大。我们可以确认这是一头成年雄性狮子，去世时它正躺在一块岩石上，脑袋朝着北方，身体则朝着东方。"

"尽管它的遗体上没有发现用来通常包裹木乃伊的亚麻布，可是从它出土的遗址、遗骨上的着色情况、牙齿空穴中残存的牙组织碎片，都可以看出它与此处先前出土的猫咪木乃伊别无二致。"

这具狮子木乃伊的年代应该也属同一时期。许多古典文学作品在讲述古埃及故事时都提到了这样一种古老的宗教风俗：将狮子当作宠物喂养，在它们死后将其制作成木乃伊，入土时为其举行隆重的宗教仪式。

可是上述说法此前从未得到过证实。法国考古学家的这项发现无疑为上述传说提供了真凭实据。

专家通过X光对骨骼的检查结果，认为这头狮子是年老体衰自然死亡，而不是幼年遭宰杀，这一点从它牙齿的磨损情况即可判断出来。还有一点可以肯定的是，它长期处于圈养状态，没有活动自由。

我们知道，在古埃及一般只有那些王公贵族和有钱人才可能被制成相当不错的木乃伊，区区一头狮子居然也受到如此高规格的礼遇，死后被制成木乃伊，而且还存放在主墓室，这很可能是因为古埃及人"爱猫及狮"。时至今日，在尼罗河畔古埃及寺庙的壁画上，还可以看到一种带斑点的猫的形象。也许是沾了猫的光，狮子也受到人们的供奉。

因为古埃及人信奉神话中的猫神贝斯特，对猫非常崇拜，猫被崇拜为"神圣之物"，死后要被厚葬，甚至像法老遗体一样被制作成木乃伊保存。

兹维博士说："长期以来，关于古埃及法老豢养狮子的传说便层出不穷，可是发现如此完整的狮子遗骸尚属第一回。新出土的这具狮子木乃伊足以证明至少早在公元前一世纪左右，狮子便被奉若神明。"

博物馆里的"猫木乃伊"

古埃及人在死后的猫身上涂上香料，掏空内脏，施以各种防腐原料和技术，将猫做成数千年后仍栩栩如生的"猫木乃伊"。

在埃及的"木乃伊博物馆"里，还保存着许多栩栩如生的猫木乃伊。

埃及猫被认为是世界上最早出现的家猫，古埃及人是最早驯养猫的人。

早在4000多年以前，古埃及一些寺庙的壁画上，就绘有猫的图案。在古埃及人的观念中，猫是守护女神巴斯特的化身。

巴斯特的最初形象是野猫的头部和女性的身体，随着时间的推移，这一形象被家庭宠物猫取代。取代之后，巴斯特更受欢迎了，人们给她建造神殿，歌颂巴斯特女神的丰功伟绩，以及她给芸芸众生带来的福祉，并定期举行盛大的仪式和活动。

于是，猫更加深受古埃及人的喜爱。由于猫眼能在黑暗中发亮，所以他们认为猫眼能存储阳光，这种阳光可以驱散黑暗之鬼，所以猫就被看作神圣的动物。

据说，古埃及爱美的女子发明了一套"猫眼描眉法"，就是要把猫眼发出的神光移用到她们的双眸上，这样好使自己的眼睛能够变得炯炯有神又充满美感。

看来猫不仅仅是她们尊崇的神灵，还是她们灵感的来源。

古埃及人不但对活着的猫顶礼膜拜，视若神物，对死去的猫也谨慎小心地加以厚葬，有些人还拿一些小老鼠或毛线球作为猫的陪葬品，对这一宠物极尽"生荣死哀"之待遇。

公元前5世纪，著名的希腊史学家希罗多德到埃及访问后，根据所见所闻，在他的著作中写道："如果谁家的猫寿终正寝了，主人必将剃眉致哀；如果谁家的宅子不慎发生火灾，主人通常先抢救家里的猫。"可见猫在古埃及人心目中的

揭开"木乃伊"的神秘面纱

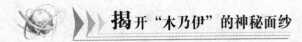
地位。

考古学家曾在尼罗河畔一座神庙里发现30万个"猫木乃伊",这些动物木乃伊用的材料和工序几乎和人木乃伊完全相同。

老鼠和猎鹰木乃伊

埃及考古学家曾在距开罗以南550公里的阿比杜斯地区发现了一处动物墓穴,并在里面找到了放有老鼠木乃伊的8个微型镀金石棺。

据报道,这处动物墓穴离尼罗河不远,是在该处地面塌陷后由考古学家发现的。考古学家还从墓穴中找到了6个大陶罐,里面装有25具经过处理的猎鹰尸体。经过鉴定,这处墓穴已有2300多年的历史。

一位埃及木乃伊专家说,这一发现为研究当时埃及的多神崇拜现象提供了新的线索。古埃及人信奉多神教,他们崇拜多种动物,并将这些动物制成木乃伊。由于墓穴保存完好,因而这一发现弥足珍贵。数以百万计的动物在法老王的指令下都将成为木乃伊陪葬,法老王认为这些神灵的化身与自己肉体同在,他将得到永生和永久的权力。

木乃伊狗

考古学家在墨西哥北部的半干旱地区科阿韦拉的坎德拉里亚石窟中发现的一具据估计已有1000年历史的木乃伊狗,或许有助于揭开该国一个神秘的远古部落的狩猎传统。这是在墨西哥获得的第一项此类发现,以前仅在秘鲁和埃及发现木乃伊狗。

考古学家艾萨克·阿基诺在托雷翁市的地方性博物馆展览了这一重大发现。

专家认为,这只狗狗是当地一个部落驯化的,用来帮助狩猎。考古学家亚历杭德罗·鲍蒂斯塔·瓦德斯皮诺说:"这一发现支持了狗狗是当地游牧部落在传统葬礼中的陪葬品的想法，这也表明当时这只动物已经被驯化。"

随这个被认为是自然形成木乃伊的动物一起发现的，还有数百具人类骸骨以及纺织品、篮子、弓和箭等数千件远古物品。

考古学家尤里·德·罗莎说："这是具有考古学意义的第一具木乃伊狗。沙漠和干旱环境导致这只狗自然风干成木乃伊。它的皮肤变干，贴在骨头上，这是自然形成的木乃伊。"科学家不久将对这个远古猎犬进行测量、X光和碳检测，以便确定它的准确年龄及品种。

鸟类木乃伊

埃及博物馆曾陈列出8具神秘的鸟类木乃伊，研究人员称其历史可追溯至公元前6世纪至3世纪，这些木乃伊有助于考古学家进一步揭开古埃及动物木乃伊的神秘面纱。

据了解，这8具鸟类木乃伊分别是3只朱鹮和5只猎鹰，自1927年以来一直陈列在开罗以北75英里处一家纺织工厂，直到近日它们才被送到埃及博物馆，可能之后会在该馆的动物木乃伊分馆陈列。埃及古迹最高委员会主管扎西·哈瓦斯说："虽然之前一直未进行过任何保存措施，但这些鸟类木乃伊保存得非常完好。"

古埃及曾将数以千计的动物制作成木乃伊，通常这些动物木乃伊象征着古埃及的各种神，其制作方法与人体木乃伊的方法相同。这8具木乃伊中朱鹮象征着埃及神话中具有智慧和魔法学识的月神透特，猎鹰则象征着古埃及的太阳神何露斯，何露斯是古埃及神话中最年长的神。《神圣的动物》是2005年出版发行的讲述有关古埃及动物木乃伊历史的书籍，该书作者塞利马·伊克拉姆指出，这些鸟类木乃伊一直在纺织工厂这样的民间单位保存着，是因为自古以来埃及人都认为它们就像古埃及的神明一样，人们将它们当作富有神秘力量的护身符和法宝。尽管这些文物放在民间仍保存得很好，但它们还是应当被送到埃及博物馆，研究人员可以结合其他动物木乃伊进行深入研究，并使它们得到妥善保存。她强调称，"无论这些鸟类木乃伊来自于何处，它们的出现将有助于揭示神秘的古埃及动物木乃伊文化。"

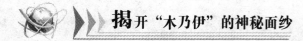

哈瓦斯称，"8具鸟类木乃伊的历史可追溯到古埃及末期——公元前6世纪至3世纪。这些木乃伊是由精致古埃及亚麻布包裹着的。"

他最后指出，"在埃及每一天都会有新的考古发现！"

其它动物木乃伊

从埃及法老阿蒙霍太普三世（公元前1400年）统治的时候，就有无数只哺乳动物、鸟类和爬行动物被杀死，并被制作成木乃伊供奉给它们所代表的神灵。

成百上千的动物被杀死并被保存起来，因此，不少专家猜测，古埃及人使用了一种快捷、简便的方法制作这些动物木乃伊：即把动物用粗糙的亚麻绷带包裹起来，然后放入一个装满树脂的大桶里浸泡，这样动物木乃伊就完成了。

最初许多考古专家认为，为了应付制作数百万只动物木乃伊，古埃及人在动物木乃伊制作过程中应当使用了十分简便快捷的方法，首先他们用粗糙的亚麻绷带将动物捆裹起来，在动物断气之前将它们放入树脂油的染缸内。这样一个动物木乃伊就制作完成了。

不过，事情并不像人们想象的那么简单。

英国一个动物器官化学研究小组进行了一项研究，即运用一种最新技术——应用色谱层析和光谱测定法，在公元前第9世纪到第4世纪期间内被制作成木乃伊的猫、鹰和朱鹮的身上获取了化学指纹。

研究结果显示：被制作成木乃伊的动物种类相当丰富，木乃伊动物组织内都包含了大量贵重的制作木乃伊的材料，其中包括：油、脂肪、沥青、蜂蜡和树脂，据专家推测，古埃及人使用的树脂极有可能是雪松树脂。

专家表示，这种混和物的复杂程度及其制作过程可以和制作法老木乃伊相媲美了。

动物木乃伊价值几何？

有的人认为动物木乃伊的价值要远远低于人类，其实这种观点是不正确的，动物木乃伊不仅可以进一步证实制作人体木乃伊的方法和原料，而且可以揭示人与动物的关系，还可以研究不同时期的动物的基因特性等等。

在埃及出土的大量的动物木乃伊不就给我们带来了许多重要的东西吗？

刺着文身的塞西亚人

古老的塞西亚

塞西亚，中国史书普遍称之为塞族或萨迦人，是南俄草原上印欧语系东伊朗语族之游牧民族，其随居地从今日俄罗斯东部的欧洲部分一直到内蒙古和鄂尔多斯沙漠，是史载最早之游牧民族，据说骑术与奶酪等皆出于其发明；公元前7世纪曾对高加索、小亚细亚、亚美尼亚、米底以及亚述帝国大举入侵，威胁西亚近七十年，其骑兵奔驰于卡帕多细亚到米底、高加索到叙利亚之间，寻找掠夺物；其后逐渐衰落，分为众多部落，公元四、五世纪民族大迁徙时随匈奴入侵欧洲之阿兰人即为其中之一部。

公元1世纪时，黑海沿岸的许多塞西亚人（或译为"斯基泰人"，是波斯人的近亲）也都已经希腊化了，成为这些城邦力量的新源泉。但是，大部分塞西亚人还是像500年前大流士远征时代那样，没有"文明化"，他们往来于第聂伯河两岸，与哥特人交换他们的农牧产品。

揭开＂木乃伊＂的神秘面纱

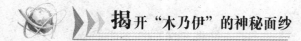

自公元前2世纪起，塞西亚人普遍在城镇和乡村中定居下来，他们在东欧草原上原有的位置被一支新崛起的游牧民族——萨尔马特人所取代。

和塞西亚人一样，他们也是波斯人的近亲，但在军事上的两个方面却优于塞西亚人：

一、他们可能已经拥有了马镫（或许是从东方传来的），并可以装备顶盔贯甲的重骑兵，箭术也相当高明；

二、他们的女子全部上战场，按照萨尔马特人的内部习俗，任何一个女孩在战场上杀死一名敌军士兵以前，都不得结婚。

这不仅让人联想到不杀死一头狮子，就不许参加成人典礼的非洲土著，更让人回想起一个古老的传说：在公元前500年前后的高加索山区，有一个骁勇善战的母系氏族。她们的名字叫做"亚马孙人"，意思是"无胸者"，因为据说为了便于射箭，她们习惯割除自己的右侧乳房。说不定，她们也就是中国先秦文献里的西王母国吧。

塞西亚人敬畏地把这些重装女骑兵们称为"男子们的女主人"，这个名字或许说明：萨尔马特人还处于母系氏族社会，所以也就更加可能与亚马孙人是同一个民族。

无论如何，这两个习俗使得他们拥有双倍，甚至于三、四倍于塞西亚人的战斗力，黑海沿岸的希腊城邦们也屡次受到他们的洗劫。

早在公元前370年前，希腊医生希波克拉第就对塞西亚人作了如下描绘：塞西亚人是人数众多的游牧民族，全部都在肩膀、手臂、手掌、胸前、大腿和腰间刺上花纹，唯一目的是想避免意志薄弱，变得充满生气。此外，塞西亚人住在四轮篷车上，每家人拥有2辆至3辆。

塞西亚这个古老的民族充满了神秘，考古学家从阿尔泰山脉大草原发现了塞西亚人，不知对于我们了解这个民族有多大帮助，下面我们一起跟随考古学家鲁登科去现场开开眼界吧！

毕生罕见的收获

1948年，苏联考古学家鲁登科对西伯利亚西部接近蒙古边境的阿尔泰山脉大草原进行了发掘研究，共发现5个大墓穴和9个小墓穴。

这对当年首次考察这里的鲁登科来说，这些发现可说是毕生罕见的重大收获。

阿尔泰山脉草原上的气候是冬季漫长酷寒，夏季则凉爽且为时甚短，年平均温度通常不会低到形成永冻层。在这样的气候条件下，就将古代塞西亚人的精美手工艺制品保存了下来。古代西伯利亚人建造坟墓时力求坚固耐久，坟墓保存的如此完整主要是因其独特的结构。

鲁登科发掘到的大墓穴，全部依照同一式样建造，墓坑深约5米，底部主穴四壁用结实的落叶松圆木筑成，墓顶则铺设更多圆木和一层大石。在大石层之上，有一个厚约1.8米的土墩，上面再铺上高达4到5米、宽达50米的碎石堆。使坟墓保持冰冻的最主要是这堆碎石。因为碎石阻隔了夏日的热力，冬季又可让霜寒透入。碎石传热性能差，因此坟墓一旦营建完工，碎石下面的那层泥土，便几乎立即变成永久冰冻，话虽如此，冰冻的速度仍不足以防止陪葬的马匹和山羊出现部分腐烂现象。人尸之所以能够避免腐烂，是因为尸体全身涂了防腐香料，而且身上所有腔窝都已用草填塞。

在这14座坟墓中，最重要的发现是二号古墓中的一具男尸和一具女尸，男子手臂、大腿和躯干大部分地方都有纹身。

那些图案大多是神话中的怪兽，长着猫尾和翅膀的动物，身体像蛇的鹰头狮子以及长了鹰嘴有触角的鹿。纹身是塞西亚人经过痛苦取得的地位象征。从这些纹身图案可见其丰富的想像力和独特艺术风格，并且显示出死者的习俗与塞西亚人非常相似。此后在积雪覆盖的阿尔泰山，来自德国、俄罗斯和蒙古的科学家发现了一具皮肤保存完好的塞西亚战士干尸。他的皮肤上面也有纹身。

这个女人可能是她的妻子，由于自然界偶尔发生的奇妙作用，这对夫妇的

揭开"木乃伊"的神秘面纱

尸体以及一大批陪葬物品,包括鞋子、袜子、地毯、瓶子和木桌等,大致都保持原状,就是那些通常极易腐烂的物品也保存完好地在墓穴中冰藏了大约2500年。

这位男性死者生前身材十分高大,身高1.76米,体格健硕。死者头部正面曾经修剃。但他的头骨已被战斧击穿,头皮已被剥去,他可能是在战斗中阵亡后,由其部属收尸埋葬的。

以腿骨微弯来看,鲁登科推断死者长年骑马,像一个游牧民族的首领。

虽然下葬之后某一时期,曾有盗墓者入墓盗宝,但剩下的东西仍足以使鲁登科对铁器时代开始时一位部落酋长的生活方式和身体形貌有了具体的认识。

奇怪的头颅

然而,最奇怪的是在墓中发现的头颅有很多不同类型。虽然鲁登科只得到少数样本,但他鉴别出其中不仅有欧洲人种,还有长头与扁头的两类黄种人。他把这种种族复杂的现象归因于部落酋长基于政治原因与远方部落公主通婚的习俗。

鲁登科指出,在现代的哈萨克和吉尔吉斯族人中,也有类似的面形歧异。那些黄种人的头颅,也许是属于匈奴贵族的,原因是在公元前3世纪末期,可能有一个匈奴部落移居此地,将阿尔泰山脉地区的酋长逐出这个地区。

起初,匈奴人可能和他们通婚,可是到了3世纪末期,他们也许采取了较为残暴的办法。因为古代阿尔泰山脉民族作为一个独特文化群体的遗迹,到了那时候突然中止。此后,他们的生存痕迹便再也找不到了。

奢华的随葬品

在此墓及附近墓中发掘了很多随葬品,可谓奢华异常,其中有数量很多的马的遗骸、马具、盔甲、地毯、绒袜、木质品、角质品,以及毛皮、珠串和金器,还有竖琴、单面鼓、大麻种子和假胡须。

最令人吃惊的是在这些墓中发现有中国的丝织品、玉器、漆器、铜镜、青铜器等等。

它说明中国的商品早在汉代从丝路向西方传播之前300年，就已通过游牧民族传到了新疆及阿尔泰山，并为当地民族所珍爱。

从石堆墓来说，其主人为求得墓园坚固耐久，尸体不腐，随葬品永保新鲜，他们将尸体在深秋季下葬，在石堆以下直达墓底处灌水结冰，冻结层以内是木结构的墓室，即墓室内的一切都被冰雪裹封，形成永冻层，亘古不化。

考古学家揭开石堆发掘冰封古墓时，用热水浇注，使冻结层融化，打开墓棺时，人们异常惊讶，墓中所葬尸体及纹身、艺术品和衣服，颜色鲜艳，光彩夺目，使人难以想像它们已有2500多年的历史。

鲁登科在阿尔泰山脉草原上另一处墓穴中发现一辆篷车的残骸，旁边还有一些殉葬的马的遗骨，以便能随同主人进入另一个世界。

在纹身死者的墓中也有几匹供骑马匹的遗骸。马匹都面向东方，旁边还放着几套缰辔、马鞍和马头装饰物。

墓里除了有一些家居物品，还有一些毛皮和数量很多的珠串和金耳环，显然这是盗墓者搜掠时疏忽剩下的。

此外，鲁登科还发现一张几乎完整无缺的木桌，四只脚雕成老虎后腿直立的形状。

墓穴里有几个盛着几滴发酵马奶的泥瓶子和一袋乳酪，大概是供死者夫妇登天途中享用的。

至于供死者作精神慰籍的，则包括一具残缺不全的竖琴和一袋大麻种子。

男尸身上上等的衣服用大麻织成，缝工精细，主要缝口上还缀着羊毛红边。另外，还有一件奇怪的东西放在男尸头部旁边，就是一把假胡须。这把假胡须用人发制成，染成深栗色，缝缀在一块兽皮上面。虽然在这一带发掘出来的男尸都无长须或短髭，但这一族的人佩戴的悬垂饰物上图像显示塞西亚男人大多数蓄须。

也许那些胡须全是假的，至于为什么要戴假须，我们也许永远无法知道了。

揭开"木乃伊"的神秘面纱

"复活"木乃伊

遥远的"复活"

1953年，北萨卡拉的古代墓地里发掘了一座大墓，除了主墓外，还有72座坟墓，排成三行。墓中躺着64具年轻男尸和8具年轻女尸，他们身体上没有留下丝毫暴力的痕迹。估计是墓主想让他们在新的世界里继续服侍他们，以便能够继续享受生前的"声色犬马"之乐。

据说这座陵墓是属于第一王朝的一个法老（很可能是乌阿拉斯）的。

除了金银珠宝之外，墓中还有谷物、油类和香料，显然，这是为复活预备的食物。

除了盗墓外，陵墓还被打开过。墓被打开之后，法老发现在他祖先的墓中一切食物都保存得很好，死者既没有吃掉这些食物，也没有把它们带到另一个世界去。

当陵墓再一次封闭时，墓穴里又放进了新的食物。墓穴封了起来，为了防备盗贼，还安上了种种机关。

这一切都说明，埃及人认为人的复活是遥远将来的事情，而不是眼下的事。

1954年6月，在萨卡拉又发现了一座陵墓，陵墓没有被盗过，因为装有珠宝和黄金的箱子还在墓中。石棺是用滑动的盖子盖的，不是可搬动的盖子。

6月9日，戈内姆博士郑重其事地打开了石棺，可是里面却是空的，什么也没有。难道木乃伊丢下珠宝逃走了吗？

前苏联在距外蒙古边境80公里发现的库尔干五世墓，外形像座石头小山，墓内铺着木板。

所有的墓室中的所有东西都是冰冻的。

其中一个墓室里有作过防腐处理的一男一女。两人复活后可能需要的东西样样俱全，有放在盘子里的食品、衣服、珠宝，还有乐器。

墓室中一切东西，都在低温下保存得极好。在一个墓室里，学者们发现了一个有4排、每排6个正方形的矩阵，每个正方形中都有一幅画。

整个矩阵可能是尼尼微宫中石毯的复制品。可以清楚地看到奇特的狮身人面像，头上有复杂的角，背上有翅膀，摆出向天上飞去的姿势。在那座墓室中所用的低温冷冻法对人类来说是过分考究了，显然这是打算应付地球末日的。

肉身转世思想

因为古代人相信肉身可以转世，所以才要保存木乃伊，才不惜花费任何代价去制作木乃伊。

那么，原始人是从哪里获得肉身转世的意识的呢？

许多壁画和传说中说，神答应从星球上回来，让保存得很好的尸体复活，开始新的生命。这就是为什么在墓室里给这些木乃伊准备了真的食品的原因，否则，木乃伊要那么多的钱、珠宝以及他们喜爱的东西干什么呢？而且，在墓室里，木乃伊还有奴仆，这些奴仆无疑是被活埋的。这样安排的目的显然就是为了在来生继续过从前的生活。这些陵墓造得十分坚实，几乎可以防原子弹，它能够历经沧桑而不坏。

但是是谁把肉体再生的思想灌输给未开化的人们的？为使藏在一个非常保险的地方的尸体，几千年后能够复活，必须保护人体细胞。这个大胆的思想源自何处？

至今为止，人们认为这一套神秘的复活念头只是起源于宗教观点。也许埃及法老对这种事情知道得更多一些，因为法老曾对人们说过："我要为自己造一

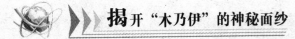

个墓地，千年不坏，老远就能看见，神答应回来唤醒我。"

木乃伊面容修复计划

一个在意大利的木乃伊"复活"了。当然不是让死了好几千年的木乃伊重新获得生命，现在的科学技术还达不到这种程度。

这里的"复活"只是将木乃伊的头像复原，其实这一消息已经足够震撼和激动人心的了，因为仅仅靠一具干瘪了数百上千年的骷髅似的尸体还原成有血有肉的活人形象是相当有难度的。

实施木乃伊面容复原计划时，由菲德瑞克博士领导的专家小组选中了一个3000岁的木乃伊。

他生活在公元前945~前715年，生前是一个技术工人。该木乃伊于1900年在皇后谷地区被发掘出来，随后又被送入埃及博物馆。

木乃伊"复活"项目科学研究小组的负责人宣布：通过对都灵古埃及博物馆内一具现存木乃伊运用最新的成像技术，他们的科研小组已经成功地复原了一个生活在公元前945年左右的名为Harwa埃及男子的整个头部图像。

科学家们使用的是计算机化X射线轴向分层造影扫描技术和电脑三维成像技术，还原后的木乃伊是一名栩栩如生中年男子形象，显出一副安详的入睡后表情。

通过先进的成像技术把这个生活在大约3000年前的埃及人"复活"了。听上去有些离奇，但千真万确。

完成这个项目并不是想象中的那么简单，据小组中的一位科学家介绍，完成这个项目主要通过了三个步骤。

第一步运用当今最新的CT扫描技术——多探头X射线电脑扫描技术（MDCT），通过不同位置的探头同时对物体进行X射线扫描，记录下一系列的多层次的扫描轨迹，在电脑中呈现一个完整的三维图像。

这种技术非常类似于经常在考古学和医学领域运用的CT扫描技术，是更高级的一种扫描。科学家曾用MDCT对一亿四千七百万年前鸟类头骨化石进行扫描，得到的效果很理想。

这次将MDCT首次运用在木乃伊的研究上。扫描过程中，小组成员将木乃伊Harwa放置在特定的扫描仪中，以平均每27.4秒显示335帧图像的速度进行扫描。然后把所有的图像存入电脑的记忆系统中，再通过专门软件虚拟"除去"面部的绷带，清晰地辨别出了脸部的肌肉组织和头骨的轮廓。

第二步是使用一款快速复原软件将虚拟的头骨图像转换成塑料复制品。在复制品的基础上使用粘土和模型材料填充肌肉组织，根据对头骨结构的计算结果为木乃伊添加面部的软组织。

最后一步是使用特殊软件在电脑中将裹尸布揭去。随后，科学家们根据图像数据进行计算，运用整形技术将头骨复原。

最后，他们以暴露在木乃伊裹尸布之外的面部皮肤和肌肉作为参照依据，通过制图软件为木乃伊制作面部器官和皮肤，在精确的计算出面部的脂肪数量和软组织厚度后，为木乃伊增加相应形状的五官。用特殊材料制作成面部肌肉、耳朵、嘴巴等。比如通过软件可以分析出木乃伊原来的面部特征，甚至可以计算出他左太阳穴的一个伤口和脸部粗糙的皮肤。

最终的效果是看上去接近真人照片。通过一系列的程序，最后我们至少可以看到成功复原后的Harwa死时大约年龄为45岁，牙齿明显已开始松动，由他牙齿的老化程度可以得出该木乃伊并非死于任何疾病，整体上还算健康。

据负责此项目的专家称，整个过程远比所描述的要复杂得多，比如单头部轮廓这一环节，所需要分析的数据就相当惊人。这次实验性的成份多了一些，不过这已经为以后更多的工作打下了不错的基础。

这个项目最大的成功就是在不破坏木乃伊表皮的情况下，对它进行研究。考古学家通常将木乃伊的绷带一点一点拆下来，无论如何小心，这种方法都会破坏木乃伊的完整性，要知道拆过后再完全恢复几乎是不可能的。

现在木乃伊Harwa的复原照片在许多网站都可以看到，也引起了不少关注。

在美国的一家博客论坛中，有网友就指出：这种复原的真实度恐怕并不像

揭开"木乃伊"的神秘面纱

某些专家估计的那样乐观。他认为，人的面部器官和容貌仅依靠电脑计算是一定程度的误导，如果没有见过这个人，怎么可能"计算"出他长什么样子呢？不过他还是承认，在骨骼的数据上这方法是很科学的。

复原后的木乃伊因为没有面部表情，所以有人曾问相关负责专家这一原因，专家的解释是为了保证计算数据的准确性，因为那带有很大程度的人为因素。如果从娱乐角度考虑，是可以那样做的，而且在技术上很简单的。

相信也许下一个木乃伊会有一头长发并面带微笑。

现代生命"复活"推测

古代人或许是源于人可以轮回转世的宗教观念才制造木乃伊的，并且深信保存完好的木乃伊还可以复活，从科学的角度来讲，有没有这个可能呢？

物理学家兼天文学罗伯特·爱丁格曾提出这么一种设想：21世纪的人可以把自己冷冻起来，从医学和生物学的观点来看，我们的细胞就仍然活着，而生命活动的速度减慢到原先的亿万分之一。

当然眼下这个设想还只是幻想，不过有些迹象表明这是可能的。现在每个大诊所都有一个骨库，可以在低温的条件下把人骨保存好几年，供随时取用。新鲜的血液可以在零下196℃的低温下长期保存，这也是很普通的了。而活细胞在液氮温度下几乎可以永久保存。

由此看来，长期保存生命这一奇迹的想法不久就会成为现实。

1963年3月，俄国拉荷马大学的生物学家断定，已经死了好几千年的埃及公主梅纳的皮肤细胞具有生命力。在许多地方已经发现了保存很好的木乃伊大都栩栩如生。印加人时代留下的冰川木乃伊在理论上是能够复活过来的。有的人对此做了一些实验，比如将两条已经低温冷冻了一星期的狗，重新解冻，结果那两条狗复活了。

这些想法无疑将对科学的发展、对某一领域的技术创新有非常重要的意义。

例如美国人把这项研究作为太空计划的一部分，正在认真研究将来在飞往遥远太空的长途旅程中，将宇航员冷冻起来的问题，这已不是什么秘密了。

爱丁格教授预言，将来有一天，人的尸体既不用火化，也不会被蛆虫吃掉，可以在低温冷墓或低温冰箱中冷藏，等到医学发达到能够治愈使他们致死的疾病的时候再复活。

"怀孕"木乃伊

出土之后竟怀孕?

据美国《世界新闻周刊》报道，一埃及考古小组今年三月在开罗发掘出一具已逝世超过3000年的经防腐处理女木乃伊。

有消息称这具木乃伊竟在出土后怀孕，至今其腹中胎儿看来已有八个月，经超音波检查后得出胎儿正常成长。该学院看守人西塔尔被指是胎儿的父亲，而他也承认自己难以抗拒女木乃伊的美色，不禁对她表达爱意。

这个估计将在不足两个月后临盆的木乃伊，现时存放在学院内。塞尔德表示，他们从未想过木乃伊竟可怀孕，但事实却又发展到如此不可思议的地步。以塞尔德为首的研究员肯定，这具女木乃伊在被发现时没有怀孕的迹象，他们安排了西塔尔负责看守她。

西塔尔坦承，这具女木乃伊对他产生一股难以抗拒的吸引力，是他心目中的可爱美人。为此，西塔尔竟向木乃伊表达爱意，并觉得她对其爱的呼唤作出响应。

据分析，这具女木乃伊应当生存于公元前1206至公元前924年的时代，其皮

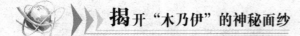

肤、肌肉组织和血管仍然存有。塞尔德估计这名女子死于24岁左右，应当来自上层社会甚至王室贵族。不过，他无法确定这具木乃伊的真正身份、死因和亲属安排特别安葬方式的目的。

塞尔德表示，这具木乃伊已死去三千年，但却仍能受精怀孕，或许，浸泡这具木乃伊的液体具有神奇功效，竟可令她在死后几千年仍可怀孕甚至生育。木乃伊体内胎儿稳定发出心跳，而且经过检查后已断定胎儿是一名女婴。

对此，南京博物院院长徐胡平说，木乃伊已经过古代人为防腐处理，其大脑、内脏均已拿掉，人体活的细胞已不复存在，而且木乃伊只有在干燥的特定自然环境中才能存在，怎么可能受孕？南京妇幼保健医院生殖不孕中心李红霞主任医师指出，"怀孕"必须具备几个最基本的条件，女性卵巢功能正常、正常体温，以及维持胚胎生命的液体、激素等，而木乃伊只是一个"标本"，已经没有生命了，根本不能提供怀孕的基本条件，又怎么怀孕呢？

事实只能留给时间来证明。

真正的木乃伊孕妇

俄罗斯一家报纸报道，最近俄罗斯发现了一具在积雪下掩埋600多年的女尸，在科学家的努力下，令其体内的婴儿不仅顺利取出，还存活了72个小时，创造了医学史上的奇迹。

台湾今日新闻网报道，据莫斯科胚胎学家奥古鲁夫医生透露，这个婴儿为女性，被命名为特灵娜。其母体女尸被埋在温度低至零下70摄氏度以下的一堵雪墙里。死者年龄有20多岁，胎儿已逾七个月。

科学家们将女尸浸在充满氧溶液的金属箱内。在尸体软化后，经X光透视，科学家发现有胎儿在母体内。经剖腹手术后，科学家取出仍在冰冻状态的胎儿，重7公斤。她在一只特别的器皿内存放不久，器官开始运转，心脏开始跳动，婴儿竟活了过来。在对母体进行研究后，科学家认为母体是在死亡后立即被雪封起来的，因此体内胎儿身体机能没有被破坏。由于母体感染了一种不知名的病毒而导致死亡，婴儿也在活了72小时后，因受同一病毒感染而夭折。

楼兰女尸

楼兰消失之谜

据史料：西域三十六国之一的古楼兰王国早在2100多年前就已见诸文字，东与敦煌接邻，西北到焉耆、尉犁，西南到若羌、且末。是楼兰王国前期政治、经济、文化中心。楼兰城作为亚洲腹部的交通枢纽城镇。加上水土肥美，曾经强盛一时。

正因为楼兰的地理位置重要，西汉时期，汉朝和匈奴为了争夺西域疆土，进行了长达七八十年的战争。

直到公元前77年，大将军霍光派傅介子刺杀了楼兰国王，另立其弟为王，迁都后，改名为鄯善国。此后，楼兰一直都是汉朝的西域重镇，与汉朝关系密切，在丝绸之路上作为中国、波斯、印度、叙利亚和罗马帝国之间的中转贸易站，成为当时世界上最开放、最繁华的"大都市"之一，也为东西方文化的交流起过重要作用。

然而，公元500年左右，它却一夜之间在中国史册上神秘消失了，众多遗民也同时"失踪"。他们到底去了哪里？多年来一直成为近代学者经常探索和争论的一个难解之谜。

探索千古之谜

千百年来，楼兰一直是中国乃至世界各地探险家、史学家、旅行家研究考

揭开"木乃伊"的神秘面纱

113

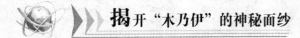
察的热点。

楼兰美女、楼兰古墓、楼兰彩棺……不断地给人带来新鲜和好奇,引着人们去探索和研究,为揭开楼兰神秘的面纱作出了不懈的努力。

关于楼兰消失的原因,近年来颇有争议。为了破解这个千古之谜,国家从70年代开始组织科考队伍陆续进行了考察。

1979年,新疆考古工作者发掘出了大批珍贵文物,还出土了一具3800多年前的古代女尸,立即在国内外引起轰动,这具女尸出土于楼兰遗址,是中国目前出土的时代最早、保存较好的女尸。

楼兰女尸的出土对于研究楼兰王国的文明多多少少提供了一些重要线索。

从古代起,我国就有关于古尸的记载。

到目前为止,我国陆续出土从原始社会末期至汉、唐、宋、元、明、清等不同时期的古尸共计2000多具。

按地域,这些古尸分布于新疆、内蒙古、湖北、湖南、四川、贵州、江西、福建、浙江、江苏等省区。较为著名的有马王堆1号汉墓女尸和新疆楼兰孔雀河下游的楼兰古尸,后者因其体形优美、长发披肩、容貌超群而被誉为"楼兰美女"。

"楼兰美女"

"楼兰美女"即我们平时说的新疆干尸,新疆干尸是整个尸体干燥的结果,《洗冤集录》记载"黑僵":"周身灰暗,皮肉干枯,贴骨、肚腹低陷。"如此形态的干尸在新疆分布极广,南疆居多北疆略少,蕴藏其中的神秘色彩各有特征,因尸而异。"楼兰美女"是其中之一。她是迄今为止新疆出土的古尸中最早的一具,距今约有4000年的历史。

据科学测定,古尸身长152厘米,生前身长155.8厘米,干尸重10千克左右,血型为O型。发育良好,根据骨骼系统X射线摄片分析,该女子死于40~45岁之间。头颈、躯干、四肢保存完好,五官端正,前额较窄微突,两眼闭合,颧部较突出,眼大窝深,眉毛、睫毛清晰,鼻梁高、窄,鼻尖上翘。头发淡黄细密,直发型，发长20~25厘米，自正中间向两侧分开，自然披散至肩部。全身皮肤光滑、干硬，呈红棕色，有弹性。具有鲜明的欧罗巴人种特征。手指皮肤纹理清晰，十个指甲完整。皮肤的表皮、真皮均保存较好，层次分明。解剖观察各内脏器官，位置都基本正常。只是有关脏器都不同程度的缩小、变薄。呼吸系统中的肺泡腔内，积有大量黑色颗粒状粉尘，血管周围尤其密集。偏光镜检查，在粉尘密集处，除炭尘外还可见混杂有显示双折光的结晶颗粒。经过进一步分析发现，粉尘主要为硅酸盐和炭尘，炭尘占总粉尘量44％。硅尘占总粉尘量的38％，表明当年自然环境中的风沙危害及燃料烟尘对古代楼兰人的生活产生过重大影响，同时，肺内铁、铝、镁、钛含量均较高，但铜含量偏低。

女尸身上的虱子

通过体表检查，研究者发现楼兰美女的头发、眉毛、下身、鞋靴等处有许多古虱及虱卵，这是世界上迄今为止发现的最古老的虱子。

其形态近似现代太头虱，但为何体型要小于后者一直没有定论。女尸体表有大量虱群实属罕见，为何此人生前身上有这么多虱子，她怎么能够忍受啊？这种情况是特殊现象还是普遍现象？相关人员对此非常感兴趣，对此作了一番研究。

研究发现，近代我国西北地区虱子流行较为严重，尤其是冬季毛皮衣服更多，多半均是体虱。既然此女生前大量生虱，为何仅有头虱，而无体虱？此外，根据寄生虫学的理论，它是一种"趋温性"的寄生虫，它在人体保持着一定的温度时才能寄生于人体。人死后体温冷却，虱子应离开寄主，但该女尸身上的虱子，却与寄主同归于尽，并同样经过漫长的历史岁月而不腐，这究竟又该如何解释呢？这是很值得寄生虫研究者探讨的课题。

尸身为何能保持完整?

气候干燥是形成干尸的最主要原因,但各地具体情况不尽相同。新疆地处亚洲大陆的中心,绝大地区属大陆性干旱少雨区域,水分蒸发量远远大于降水量,土壤水分几乎为零。

其中塔里木盆地南缘平均年降水量仅30毫米,西缘年降水量为50~80毫米左右;罗布泊地区年降水量22毫米,年蒸发量却高达3000毫米;且末、若羌的年均降水量18.6毫米,年均蒸发量达2507毫米;吐鲁番盆地平均年降水量仅16.6毫米;哈密、和田绿洲也只有34.1毫米;而准噶尔盆地边缘稍多一些,但也只有150毫米左右。

据研究发现,从中新世至早更新世以来,上述区域均已进入干旱和极端干旱时期。而对第四纪沉积物的分析发现,4500年前此区域已处于持续干旱时期,而此时正是上述古代先民繁衍生息的时期。

新疆古尸得以完整保存除环境气候干燥外,考古学家发现其他一些辅助条件也起了重要作用。

例如很多不接触土质的古尸保存都很好;很多古尸葬在微生物无法生存的高盐沙土里而尸身不腐;在较潮湿地区深埋古尸,而在很干旱的地方浅埋;通风不密封可使古尸毛发肌肤俱在;古尸埋葬地势较高者,入葬时间在较寒冷的冬季和凉爽的季节,亦可使尸体容易历千年而不腐;有些地方尸体在夏季入葬则有利于水分的迅速蒸发而形成完整干尸;而在吐鲁番,古尸大多无棺木,死者被陈列于席子上,洞内十分干燥,使其能迅速脱水蒸干而成为干尸……

楼兰科考

从楼兰女尸的解剖上可以对楼兰王国的灭亡窥测一二,因此有人提出了一种气候恶化论的观点,而且是目前较占上风的论点,认为是自然变化造成了楼兰城的大迁移。

那具著名的楼兰美女（3800年历史）在解剖的时候就已经发现肺部沉积有大量沙土。说明当时气候已经开始恶化了。有一种说法认为，楼兰人为大兴土木以及其奇特墓葬形式"太阳墓"砍伐了大量树木，最终带来了生态恶化。

在已发现的七座墓葬中，成材原木达一万多根，数量之多，令人咋舌。值得一提的是，用发掘于楼兰的卢文字书写的律法中，有这样的律条："凡砍伐一棵活树者罚马一匹，伐小树者罚牛一头，砍倒树苗者罚羊两头。"可见当时的人们已经意识到要生存下去必须保护生态环境。但楼兰最终还是湮没于风沙之中了。

根据历史记载，楼兰国曾有几千人在一个叫善密的人带领下迁到义乌（今哈密一带），另一部分人迁到了和田的罗普（罗布泊的转音），另一部分人坚持生活在罗布泊内，一直到清朝末年。

据说，50年前在塔里木河还可以划船，还能打上1米多长的鱼。中上游的引水灌溉和水库的修建使塔里木河不再注入罗布泊，1972年，罗布泊蒸发完了最后一滴水，成为一片死亡之海。因为水的消失，一个湖的废弃乃至一个城市的废弃，这样的故事在塔克拉玛干沙漠中并不鲜见。科考家认为楼兰就是其中典型的例证，于是进行了深入的科考活动。

整个科考活动从喀什开始，分为南北两线。

北线全程沿塔里木河向东行进，途经巴楚、阿克苏、拜城、库车、轮台、库尔勒、营盘抵达楼兰。

南线则从沙漠边远的县城麦盖提横穿塔克拉玛干大沙漠，经玛扎塔格山，过丹丹乌里克、喀拉敦、圆沙古城、大河沿，经英苏穿越罗布荒原到达楼兰。

这次考察的目的，首先是对楼兰发现100周年的纪念，同时也是探索人和水的命运。

他们认为，在塔克拉玛干地区，人和水的关系实在是最敏感、最突出、最脆弱的问题，实际也是人和环境的关系，而这也正是新世纪人类共同面临的问题。

揭开"木乃伊"的神秘面纱

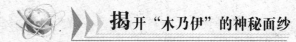

科考队进入到了广阔平坦的罗布泊湖盆，在夕阳的金色余辉中，极目四望，除了远处的地平线，就是天边散落的一些雅丹地貌似真似幻的景象。许多人为之动容：高大的佛塔和"三间房"苍凉而悲壮，千年前的木桩在晚霞中好似要燃烧起来，陶罐的碎片撒了满地，粗大的胡杨树枝像干枯的绳子一样卷曲，轻轻一碰就会碎掉。一度歌舞升平的繁华古城，如今却成了安静的废都。人们不能不思索它由盛到衰，走到自己末日的历程。

当然，人们在罗布泊最大的感慨还是所谓"沧海桑田"的变迁，可能并不需要预想中那么长的时间。

千年少女肉身像

西藏肉身像的传奇故事

位于拉萨贡嘎机场咫尺之遥的谢珠林寺供奉着一尊神奇的菩萨像。

关于这尊肉身像有一个传奇的故事：

约公元1045年，阿底峡尊者从印度被迎请至西藏，在赴拉萨的途中，当尊者经过一条大河时，河对岸的一位少女远远的看见尊者，因心生敬仰，便欢喜地把头上佩带的饰物以及身上所有的金银装饰全都解下来，隔岸抛向尊者以行供养。

当她的父母得知女儿将贵重饰物都供给了一位素不相识的僧人时，愤怒不已，把她毒打了一顿，结果姑娘痛苦不堪，投河自尽，不料河神又把她给托上了岸，乡人见她投水不死，以为是妖怪，最后把她封在石洞中以烟熏烤而死。后来阿底峡尊者以显现神通，并作颂词赞叹少女以生命供养的功德，此时，人们才醒悟她是吉祥天母为护持西藏佛教而作的示现，遂把少女的肉身像建寺供养。

文革中的天母肉身像

天母肉身像曾经历了一番浩劫，在文革十年动乱中几乎毁于一旦。

文革中，她和其他的铜、铁等佛像被混放于大昭寺的一间暗室中，直至恢复宗教信仰自由后，她才得以重见天日，但颈部关节受损，头变得下垂歪斜，原来白色的皮肤变成褐色，睁着的双眼变成微闭。幸亏身体其余部分未遭破坏。据钦则活佛介绍，在移动该像时，其关节仍是柔软的，至今头发仍在生长，钦则活佛感慨地说："如今整个西藏就只有这样一尊肉身了，她确实是个宝贝呀！"

世界各民族的古尸保存风俗，如埃及的木乃伊、我国塔里木天然干尸、菲律宾群岛的岩穴古尸等，他们多是经过古人特殊科学方法处理，或地处极干燥的环境下才能得以保存的，而且除冻土高原外，无一例外的都是干尸保存。

而这尊肉身像，近千年来都是自然露置的，无任何措施，她所处的山南贡嘎地区（古代扎溪勤汝地区）地处雅鲁藏布江大转弯处的河谷地带，终年雨量充沛，肉体千年不坏，确实是不可思议的奇迹，除了佛法修为的证量，真想不出有其他的解释。

佛法修行中有临终虹化，肉身缩小等等的神奇现象，这尊少女像也许是其中特殊的例证吧。其余的解释，则有待于科学工作者去进一步探索了。

法国睡美人

不经任何人工处理，也不借助于自然界的特殊力量而使肉身不腐的罕见现象不仅在中国有发现，在国外也有，法国的一位圣女，去世了一百多年后依然保持着生前的栩栩如生的容貌，也着实叫人震惊。

安详地躺在玻璃棺内的圣女，名叫贝尔纳黛特·苏毕胡，贝尔纳黛特·苏毕胡是法国卢尔德的一名农村少女。据说14岁时，她第一次梦见了圣母马利亚。接着又多次梦见她。

揭开"木乃伊"的神秘面纱

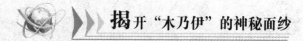

不久，贝尔纳黛特离开家人进入讷韦尔的修道院，也就是如今她的遗体所在之处，做了一名修女。这名性格温和的修女一生体弱多病，但她却能经常使周围的人受到鼓舞。

在天主教会正式封她为圣徒前，所有认识贝尔纳黛特的人都认为她是圣人。

在她被封为圣徒之前，天主教会曾三次要求挖出她的遗体进行检查。许多医生、神父与名望之士目睹了各次挖掘的过程。

贝尔纳黛特的遗体没有腐朽，它逃过了肉身腐坏的自然规律。众多的朝圣者涌到法国的讷韦尔，瞻仰她的遗容，亲眼目睹了她奇迹般完美的容颜。

在经过一百多年后，按说遗体应该只剩下骨架。然而，圣女贝尔纳黛特的每次出土记录中都提到，尽管她手里握的念珠已经生锈，她的遗体却保存得相当完好：皮肤柔软而富有弹性，面容栩栩如生。交错在胸前的双手很完美。毫无尸体腐烂的气味。

医生的结论是圣女贝尔纳黛特的遗体完好无损。

"美丽的双手握着一串生锈的念珠，胸口上的十字架上也布满了铜锈。"三次挖出遗体的报告中都说，圣女贝尔纳黛特的遗体保存得相当完好。

念珠生锈以及十字架项链上的铜锈都表示空气与湿气钻进了棺木；但为何遗体没有腐烂？这样的奇事自然会让人关注起她生前的事情，她到底是一个怎样的人，生前都做了什么？为什么死后那么多年尸体没有一点儿腐烂的痕迹？她的故事不仅吸引了好奇的人，也将许多现代科学家吸引到讷韦尔，他们将对圣女贝尔纳黛特的遗体进行研究。

睡美人"不朽之身"之谜能否被揭开？

马萨诸塞州波士顿郊外的芒特艾达学院丧葬服务教育教授杰奎琳·泰勒，是享誉国际的遗体修复与保存专家。杰奎琳说："在我对不朽之身的研究过程中，最让人着迷的，就是圣女贝尔纳黛特。她栩栩如生，是保存最好的不朽之身。"

同她一起对贝尔纳黛特进行研究的还有意大利特异现象调查委员会成员保罗·波契提。

保罗相信，某些不朽之身可能被信徒暗中做过防腐处理。埋葬的环境会影响腐坏速度，湿热环境会加快尸体腐烂。然而，并不是所有的不朽之身都经过防腐保存，或是葬在稳定的环境中。

保罗发现，另一个因素也能使遗体保持完整。"皂化"现象可以使尸体容光焕发，睡美人身上是否发生了这种现象？

什么叫"皂化"现象呢？

杰奎琳说："在尸体分解过程中会发生一种现象，就是所谓的'皂化'，也就是身体的脂肪转化为'尸蜡'，这是一种蜡一样的黏稠物质。"简单来说，就是体内脂肪转化为某种肥皂，使得肌肤丰腴、容光焕发。

皂化有其神秘之处。科学家还不了解，是什么促使体内脂肪转化为类似肥皂的物质的。有人认为应该是化学与地理条件的共同作用。

杰奎琳说："皂化妙就妙在它并不是随处可见的现象，它应该是遗体内外因素的结合。"

为了对圣女贝尔纳黛特的遗体进行研究，杰奎琳和保罗特意来到法国的讷韦尔，但是许多谜题却无法解释。圣女贝尔纳黛特不是风干的木乃伊，也没有因为皂化而肿胀滑腻。也许更深入的研究才能解开谜底。

睡美人秘密笼罩在重重迷雾之中，这时杰奎琳又提出了一种看法，她说："我认为后人曾经用蜡修复过遗体，可能用的是模具，或者是出于某位技艺精湛的雕刻师的手笔。如今我们看到的圣女贝尔纳黛特应该是蜡模，也就是遗容的面具。蜡模不见得是艺术品，只是完全相同的复制品，带有皱纹，具有皮肤的质感。"于是杰奎琳要求保罗查阅一下文献记录。保罗在研究文献资料时，发现了一段特别有意思的文字。这段文字指出，第三次挖出圣女遗体时，人们拓制了面具，并用这些拓制品制作了一个蜡制面具。杰奎琳似乎说中了。

如果说他们可能已经揭开了圣女青春面容的秘密，那么贝尔纳黛特不朽之

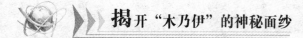

身的其他谜团，将怎样解释呢？

据记载第三次挖出遗体时，有个医生在报告中指出，圣女贝尔纳黛特的骨架保存得非常完好，肌肉"结实而有弹性"，肝脏"柔软"，而且"软硬程度几乎正常"。他指出这种情况似乎并不是自然现象。

关于这一点，科学似乎无法提供解释。杰奎琳说："我们得出的结论，有些也只是猜测而已。圣女贝尔纳黛特美丽的遗容引导千百万人坚定了信仰。其完好的状况被视为奇迹，关于不朽之身，还有许多问题无法解释。"

睡美人静静躺在金边玻璃棺中，脸上带着庄严的微笑，这微笑已经保持了一百多年。而她不朽之身的秘密仍然埋藏在她庄严的微笑之后。她的遗体将过去与现在连接在一起，她是温和与谦恭的楷模。

圣女贞德的"遗骨"

"震惊"发现

英国《自然》杂志网站4日刊载文章，披露了事实真相。

1431年，19岁的贞德因带领法国人民抵抗英国侵略，被侵略者施以火刑。后有人称，从法国北部昂诺市诺曼底城贞德受刑火堆中找到一根肋骨、一片布和一根猫腿骨。

科学家1909年宣布，这根肋骨"极可能"为贞德遗骨，并得到教会认同。由法国、瑞士和贝宁专家组成的20人调查队去年得到教会许可，开始调查遗骨真伪。

"闻香"辨骨

经过一系列的调查，他们发现"遗骨"竟来自于埃及木乃伊。

调查中，科学家除运用大量高科技手段，还使出奇招——请来香水业"最好的鼻子"助阵。

两名著名闻香师在未知样本来源、不得交换意见的情况下，嗅辨包括"遗骨"在内的10种尸骨与毛发样本。两人都从"遗骨"样本中闻出"烧过的灰泥味"和"香草"味。其中的"香草味"排除了那是圣女贞德遗骨的可能性。

研究组负责人、法国资深法医沙利耶说，木乃伊可能散发香草味，但经过焚烧的尸体不会。

沙利耶称，他们在圣女贞德"遗骨"周围的黑色物质中发现松树花粉成分。诺曼底城在贞德受刑时还没有松树，但埃及木乃伊做防腐处理时广泛使用松脂。

木乃伊之谜

经检测，这根肋骨源于公元前7世纪到前3世纪之间的木乃伊，猫骨出于同一时期，源于一具猫木乃伊。

但由于无法从遗骨中提取DNA样本，研究人员无法判定木乃伊和猫的性别。"制木乃伊的防腐过程似乎不利于DNA存留，而且它们太久远了，所以检测不出来。"沙利耶说。

中世纪时期及稍后时代，木乃伊骨灰被当作药物，"用以治疗肠胃不适、月经失调和各种血液病"。因此，沙利耶猜测，19世纪药师是幕后黑手，"将埃及木乃伊遗骨假扮成圣女贞德的遗骨"。

至于造假动机，依然是个谜。专家猜测，这可能是为推动法国对圣女贞德施宣福礼的进程。

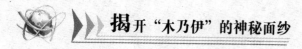
"造假者可能不是为了钱，而是出于宗教原因。也许他想借此提升对圣女贞德施宣福礼的重要性。"沙利耶说。

圣女贞德"遗骨"由一名药剂师保管到1867年，后被送到图尔的大主教管辖区内一家博物馆中珍藏。

列宁木乃伊

苏维埃社会主义之父——列宁的木乃伊，虽然时隔多年，但它的制作方法仍然是国家的高度机密。正如俄罗斯是一个非常神秘的国家，有些事会让世人瞠目结舌。

在莫斯科红场中央一座金字塔形的花岗岩陵墓中，静静地躺着弗拉基米尔·伊利奇·列宁的遗体。虽然这位社会主义革命的领导人已经逝去多年，但是他的容貌依旧宛若生前。

列宁用他的雄才大略和革命热忱赢得了人民的拥戴，他不仅谱写了俄罗斯历史上史无前例的一页，而且他对整个20世纪的世界也产生了深远的影响。

列宁遗体是否应该被制成干尸？

托洛茨基说："斯大林同志……建议我们……保存列宁的遗体……据斯大林说，他们建议借助现代科学给列宁遗体涂上防腐剂，把它制成干尸。我想对他们说，他们同马克思主义科学毫无共同之处。"

从苏联末期直至今天，列宁遗体的去留始终是一个敏感而又棘手的问题，不过谈论的大多是是否继续保存列宁遗体的问题，很少谈及这一难题的源头，即始作俑者是谁？

关于遗体如何处理，未见列宁留下的遗嘱。但保存遗体，修造专门的陵墓安放供人们瞻仰，这是列宁本人从来没有想到过的。官方是怎样准备列宁后事的，同样没有留下专门文件。根据近年来公布的解密档案，我们可以大致理出保存列宁遗体始作俑者的概况。

1921年下半年，列宁的健康状况逐渐恶化，这自然引起高层的关切，而斯大林是特别关注列宁健康的一个人。就在列宁最后一次莫斯科之行后不久，大约在1923年10月底，6名政治局委员——托洛茨基、布哈林、加米涅夫、加里宁、斯大林和李可夫曾非正式聚会。时任书记处总书记的斯大林通知说，据他得到的消息，列宁的健康突然恶化，有死亡的危险。

加里宁接着斯大林的话说，列宁的临近死亡给党提出了他的安葬这一极端重要的问题。"需要考虑与此有关的全部问题。对这一可怕的事件我们不要搞得措手不及。如果要安葬弗拉基米尔·伊里奇，葬仪之盛大应当是世上空前的。"

斯大林完全支持加里宁，他说："的确需要事先把一切都考虑到，以免在极其悲痛的时刻出现任何张皇失措。据我所知，这一问题也使我们的某些外省同志极为焦虑不安。他们说，列宁是俄罗斯人，应当以与之相应的方式安葬。例如他们坚决反对火葬，把列宁遗体火化。照他们的看法，焚化遗体不符合俄罗斯人对先人的敬爱之情。这种做法甚至会是对他的纪念的一种侮辱。在俄罗斯人的观念中，焚化、消灭和抛洒骨灰，总是被看作是对被处死者的最后最高裁判。某些同志认为，现代科学有可能借助于防腐剂长期保存先人的遗体，至少可以保存相当长的时间，使得我们的意识能适应列宁毕竟不在我们中间了这一思想。"从这段话可以看出，斯大林是首先提出保存遗体这种想法的领导人。

斯大林的发言引起托洛茨基极端愤怒的反应，他说："斯大林同志讲完话以后，看来是要建议我们这革命的马克思主义政党按照这种方式行事——保存列宁的遗体。我倒很想知道，这些外省同志都是些谁，据斯大林说，他们建议借助现代科学给列宁遗体涂上防腐剂，把它制成干尸。我想对他们说，他们同马克思主义科学毫无共同之处。"

揭开"木乃伊"的神秘面纱

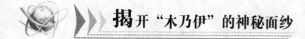
布哈林完全赞同托洛茨基的看法，同样表示愤慨。照他的看法，把列宁的遗体变成涂上防腐剂的木乃伊，这是对他的严重侮辱，同他的唯物主义、辩证法的世界观极端矛盾。

加米涅夫也以同样的精神反驳斯大林。他提出，有人建议把彼得格勒改名为列宁格勒，这种显示列宁在十月革命历史上的巨大作用的做法，加上出版几千万册他的著作，这是对列宁的真正尊敬和纪念。至于保存列宁的遗体，是列宁在其哲学著作中曾予以痛斥的那种"僧侣主义"的特殊的和奇怪的余音。

不过，托洛茨基、布哈林和加米涅夫的抗议没有对斯大林和加里宁起什么作用，斯大林拒绝说出建议把列宁遗体做防腐处理的"外省同志"的姓名。看来，所谓"外省同志"云云无非是一种托词而已。

这不是正式的政治局会议，政治局委员季诺维也夫和托姆斯基没有出席，会议既没有正式记录，也没有做出任何决定，仅仅是交换看法。不过，可以看出，某些领导人已经在谋划保存列宁遗体了。

列宁之死

1924年1月21日清晨，多次中风的列宁撕下一页日历后，忽感体力不支，两侧太阳穴剧烈疼痛，便身不由己地倒在了床上。18点50分，一代伟人带着最后的遗憾溘然长逝，年仅53岁。

作为无产阶级的革命导师，和他建立社会主义国家的梦想一致，列宁希望自己的葬礼尽量简朴。美国加州大学洛杉矶分校历史学教授阿彻·格蒂博士说："列宁是一个唯物主义者，无神论者，他根本不相信鬼神。他只希望在死后能安睡在母亲身边。"

然而事与愿违。列宁的逝世让他的人民悲痛万分，人民希望保存他的遗体，世代瞻仰。于是前苏联的科学家将他的尸体进行了防腐处理。数百万人民不顾莫斯科的严寒，赶来对他表达最后的敬意。

列宁尸体的保存

列宁死后被进一步神化。人民把他奉为神明。但列宁也是肉体凡身，防腐剂对他的遗体保存只能暂时起效。列宁死后两个月，他的尸体出现了腐烂的迹象。有一部分皮肤变绿了，耳朵也开始萎缩。

所有的列宁继任者都知道，作为政治偶像，他的尸体不能轻易埋葬。于是他们精心挑选了两位尸体防腐方面的专家，在一个秘密实验室里，开始了让列宁永垂不朽的工作。虽然这项任务的压力很大，但当时的政府人员要求专家组必须做到以前从未有人做到过的事情，要求他们一定要圆满完成任务。

4个月后，几位尸体防腐专家用一种独特的办法成功完成了任务。至于这种独特的方法是什么，除非有人愿意告诉世人这个秘密，否则人们永远不会知道他们的方法。许多专家分析，列宁的尸体曾被浸泡在一种化学混合溶液中，里面可能有保持皮肤柔软的甘油，以及具备杀菌功效的过氧化物。

直到前苏联解体，列宁的遗体一直安放在红场上的列宁墓里供公众瞻仰。每隔18个月，他就会被重新浸泡到那种神秘的药水里。

列宁木乃伊的未来

在前苏联解体之前，为了让列宁永葆生前模样，为了让这具尸体永存，在近70年的时间里，耗去了几乎三代科学家无以估量的精力和心血，苏联政府更是像致力于航天、核武器研究一样不惜工本，不计代价。别的不说，光为了保证棺内始终保持16摄氏度恒温、湿度不超过70%这一项，便需要由12名生物医学家组成专门实验室进行24小时不间断的护理。防腐秘方的研制也一直属于国家一级机密，尖端科技项目。

苏联解体后，俄罗斯政府不再为护理列宁遗体拨款，"列宁墓实验室"也改名为"全俄药用植物科学生产联合体生物结构医学研究中心"。情况越变越

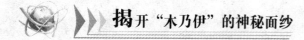

差。目前列宁的遗体仍在继续得到护理，但完全出于一些研究人员、工作人员的自愿。

历史总在变化。随着前苏联的解体，列宁的象征意义已经消失。俄罗斯新任领导者曾打算把他埋葬，就像他生前希望的那样。但这在俄罗斯引起了轩然大波。在2000年12月的一次民意测验中，66%的俄罗斯人仍然把他视为20世纪最伟大的人物。在许多普通人的心目中，他依然是一个神。

由于前苏联社会主义国家已经解体，有些人担心列宁墓和列宁遗体今后的命运。但因为列宁遗体的保存在世界殡葬史上是个奇迹——它创下了遗体防腐时间最长的世界纪录，还因为列宁墓是克里姆林宫的一部分，属于世界遗产保护项目。所以列宁的木乃伊的命运会受到世界关注。

列宁墓是否搬迁在俄引激辩

"再见，列宁"，这是俄罗斯执政党统一俄罗斯党就是否安葬列宁遗体设置的网络调查的题目。执政党如此大张旗鼓搞调查，让关心列宁墓命运的人感到了严重性。支持调查的执政党议员公开将列宁称为"极具争议的政治人物"，称他的墓地处在国家的中心"很荒谬"。坚决反对搬迁列宁墓的俄罗斯共产党回击称，统一俄罗斯党执政平平，是在用"掘坟墓"转移矛盾。还有西方媒体分析称，普京领导的统俄党2012年大选前进行这项调查，是要向世人展现与苏联划清界限的决心。苏联解体后，关于要不要将列宁墓迁出红场的争论在俄罗斯从来没停止过，但没有哪个俄罗斯领导人敢真正这样做，原因被认为是列宁在公共生活中"依然有一席之地"。《纽约时报》之前有篇评论称：在关于什么才是新俄罗斯的无休止辩论中，列宁的话题犹如一个罗尔沙赫氏测验（通过被测者对墨迹图的描述，来判断其潜意识中的欲望、需求、动机等等），人们把自己对国家的看法和期望都投射到列宁身上，这种争论成为观察俄罗斯公民社会的窗口。

为了这次调查，统一俄罗斯党在自己的网站上开设了一个名为"再见，列宁"的网页，提出的问题是"您是否支持土葬列宁遗体的设想"，有两个选项

"是"或"否"。到当地时间24日上午，共有25万人在网上投票，其中近70%的投票者赞成将列宁遗体移葬。奥地利《新闻周刊》24日评论说，"再见，列宁"是一部受到欢迎的德国电影，统俄党用同样的名称在互联网上投票具有讽刺意味。

对于这一结果，俄罗斯共产党表示怀疑，他们指责统俄党在调查时做了手脚。俄共议员瓦列里·拉什金表示，客观的调查结果只能由独立和专业的社会民意调查机构做出，网站这样的调查结果令人怀疑。俄罗斯电台107.0兆赫在青年中进行的问卷调查与统一俄罗斯党网站的调查结果有较大出入。91%的受访者认为，谁想要移葬列宁，首先为国家做的事应比死者生前做得更多。只有9%的人认为，国家的主要广场不适宜作墓地。

列宁于1924年1月21日去世，今年是他去世89周年。据俄罗斯《商业咨询日报》报道，提出安葬列宁建议的统俄党国家杜马议员弗拉基米尔·梅金斯基表示，列宁"极具争议"，他在红场的坟墓将国家中心广场变成一座大坟墓，简直是一种亵渎。他还称，列宁的遗体只剩下10%，其余都被去掉替换很久了，俄共应当尊重列宁遗愿，将他安葬在圣彼得堡的母亲墓旁。

俄共的反击针锋相对，俄共主席久加诺夫称，统一俄罗斯党的这一建议是在挑拨离间，"执政党在改革中一无所获，他们只会拆除纪念碑、将街道更名、掘坟墓"。俄反对派"左翼阵线"致函总检察长和联邦调查委员会，要求追究梅金斯基的法律责任。信中称，梅金斯基用这种挑衅性言论故意煽动社会不和谐，煽动特定社会群体仇恨共产主义世界观的代表者。

印度报业托拉斯的一篇文章说，1991年苏联解体后，就不断有人要求将列宁遗体迁出红场，是否迁移这位布尔什维克领导人的遗体问题已经导致俄罗斯社会分裂。路透社称，俄罗斯第一任苏联后领导人叶利钦不止一次提出将陵墓迁出红场，但俄罗斯国内强大的亲共情绪阻止了他付诸行动。德国《柏林评论报》称，这是一场俄罗斯执政党与共产党之间的争议，俄罗斯害怕共产党再次崛起。《纽约时报》此前评论称，苏联解体后，俄罗斯出现关于新俄罗斯究竟是什么的辩论，对列宁及列宁墓地的争论成了各种看法的缩影。

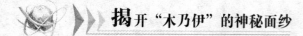

统一俄罗斯党的态度开始有微妙变化，据俄塔社报道，统俄党在国家杜马的党团第一副主席马罗佐夫表示，迁走列宁墓的主张并不是统俄党提出的，而是一名议员自己的意见。当被问到统俄党在该问题上的看法时，他含糊表示："这个国家有很多重要的问题需要我们去研究。"

富兰克林木乃伊

百年之谜

1845年，在大英帝国的鼎盛时期，英国政府委任探险家约翰·富兰克林为队长，进行一次探险，目标是找到穿越北极圈、通往东方的捷径。当时，这样的探险足以和现在人类登月的壮举相媲美。

此前曾有过57次寻找通道的行动，但均告失败。所以这次英国政府让富兰克林带队，再进行一次新的尝试，而且命令只许成功。

远征队的装备非常先进，他们称得上是当时的高科技远征队。比如甲板下面有热水管道，可以保持船内的温度。他们还带有充足的食品。罐头在当时可是新事物，这两条船一共携带了8000听罐头——足够129名船员吃上5年。尽管他们出发前准备得非常充分，但还是没能回来。

寻找

在接下来的10年里，有许多营救小组寻找过这支远征队。有人在一座荒芜的冰岛上发现了一艘救生艇。显然，这给人们的感觉是水手弃船逃生了，使用救生艇上了荒岛。但是艇里的东西令人费解。艇里有窗帘杆、香皂和书。正常人逃命时是不会想着带这些东西的。人们不得其解。140年来，这个谜一直悬而未决。

但是科学家们知道在远征队出发早期，有3名水手死在了比奇岛上。也许他们的尸体能够提供线索。1986年夏天，一个调查小组登上了加拿大西北部的比奇岛，这个地方位于北极圈以北400英里。

搭好帐篷以后，调查小组的科学家就开始挖掘尸体，尸体是解开富兰克林远征队之谜的最后一线希望。经过20个小时的努力，他们才挖开石灰石泥板岩碰到了棺材。

比奇岛上的尸体已经变成了木乃伊，他们是被冰雪保存下来的。他们被埋葬后就冻结了，因此细菌无法侵入他们的身体组织。人们用了几桶热水给木乃伊解冻。8个小时后，一具保存完好的尸体出现在人们面前，接着又是一具。

研　究

科学家们拍了X光片，还采集了组织、骨头和头发的样本。验尸工作很平常，没有令人兴奋的新发现。但人们发现这两名船员体内的铅含量是普通人的5倍。调查人员把这作为一条解密线索。科学家分析那些遇难水手很可能是死于铅中毒，但问题是，两人是怎样中毒的？

附近仍然堆放着远征队留下的垃圾，调查人员们终于在垃圾中找到了答案。水手们携带的罐头盒是用铅焊接的。他们在远征过程中，总是吃这些罐头，最终导致了体内铅蓄积过量而中毒。铅还损害了他们的心智。因此，船员们在试图走到安全的地方时，竟会在救生艇上装一些无用的奢侈品。由于铅中毒，队长以及船员的判断能力都降低了，因而他们无法清晰地思考。

最后，调查人员得出了令人心酸的结论：这些勇敢的队员是因为疾病、心智丧失后的疯狂和严寒而慢慢死去的。最后人们把这两具为富兰克林之谜提供了侦破线索的水手木乃伊重新安葬。

由于解开了航海史上的一个大秘密，富兰克林远征队成员的木乃伊受到人

揭开“木乃伊”的神秘面纱

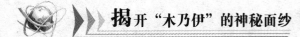

们的尊敬。有人预言：以后的人们也许会把比奇岛当作一个圣地来朝拜。

如果你去加拿大西北部的比奇岛，你会看到岛上有3座坟茔。它们立于一座山的脚下，山顶，冰雪皑皑；山腰，刀削斧砍般的险峻。在每座坟茔的旁边，立有两块墓碑。一块为石质，表面斑驳，上面的字迹很难辨认；另一块为钢质，上面所刻的文字十分清晰。此外，还有一块大钢碑，上面镌刻着长篇碑文。石碑是一百多年前所立，钢碑则是加拿大政府在十多年前所立。石、钢碑上的所有文字都是在记载150年前的那场灾难。

迄今最完美的木乃伊

埃及是出产木乃伊的专业户，每次出土都给世界带来不同的惊喜，当然要说最完美的木乃伊在埃及也是无人置疑的，那么究竟哪具木乃伊敢称是迄今最完美的呢？

由纳吉布·卡纳瓦迪率领的澳大利亚考古队，在埃及首都开罗以南15英里的一处墓葬群中进行挖掘时，意外地发现了藏在一副雕像后面的一间密室，里面有三副棺材，每副棺材里面都有一具木乃伊，其中有一具木乃伊保存良好，近乎完美，被认为是迄今为止保存最好的木乃伊之一。

这副木乃伊保存非常良好，木乃伊身上有一些装饰性的珠子都保存了下来。

埃及首席考古学家哈瓦斯说："木乃伊的胸部外面覆盖有一些珠子之类的装饰品，那个时期绝大部分的木乃伊在发现的时候基本上都没有珠子了，但这具木乃伊的珠子保存完好。"这一点非常少见；另外这副木乃伊属于埃及第二十六王朝，也就是公元前500年左右，这个时期埃及的木乃伊技术已经臻于完善。

木乃伊主人的名字到现在为止还没有确定下来，考古学家估计，这个墓葬应该是一位中层官员的。这些木制的棺材被称为是"类人棺"，因为它们的外表形状和人基本相似，棺材上面刻有埃及第二十六王朝的文字，还有一副名为皮塔·萨卡的神像，皮塔是古代手工艺人的保护神，而萨卡则是保护墓地的神灵。

其实，这具木乃伊的年代和前面雕像的年代相差有1700年。据透露，三副棺材前面的雕像是埃及第六王朝的，根据历史记载，第六王朝的最后一位国王统治时间很长，从公元前2278年到公元前2184年，是古埃及历史上统治时间最长的国王，恐怕也是人类历史上统治时间最长的国王。

第六王朝距离现在已经有4200年，而木乃伊的年代属于埃及第二十六王朝，距今2500年。之所以这两个之间的年代差距如此之长，纳吉布·卡纳瓦迪解释道："这是因为我们现在发现木乃伊的地方在第六王朝最后一位国王统治结束之后被荒废，被沙尘掩埋在地下，直到2600年前这块地方才被用来做墓地，因此就出现了这样的情形。"

对于这一发现，埃及首席考古学家哈瓦斯指出："我相信这一发现能够丰富我们对这两个历史时期的认识，一个是4200年前的古埃及，一个则是2600年前的埃及。"

对于这一具最新发现的木乃伊，埃及负责文物方面的高级官员指出，考古学家将对木乃伊进行各项检测，确定它的各项参数，这其中还将包括用CT进行扫描。

目击公元前5世纪木乃伊

希腊历史学家希罗多德在公元前5世纪时，曾就埃及的木乃伊制作过程作过亲眼目击的报道。

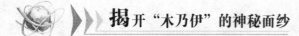

这份经典材料解释说，遗体被抬到停泊在尼罗河上的渡船里送往西岸。然后由一个祭司为先导，死者被抬进施行防腐处理的帐篷里。尸体先被清洗干净，然后防腐工匠就在僧侣们诵唱的单调挽歌声中开始操作了。操刀手在死者尸体腹部的左侧用一片"埃塞俄比亚石"划开一个切口，然后就拼命逃离现场。别人则对他掷石块，尽情辱骂。此时，其他工匠就将大部分内脏器官掏出来，进行防腐处理后分别装进4个石制器皿，待以后同制好的木乃伊一同下葬。死者的脑子也同样被干净巧妙地掏出。只有心脏还留在原处，因为当时人们认为心脏是良心寄存之处。胸腹的空腔经棕榈酒洗净后，还要涂上液态树脂，以防寄生物蛀蚀。

神秘的木乃伊与泰坦尼克号

3000多年前，埃及有一位叫亚曼拉的公主在去世后，按照古埃及习俗被制成了木乃伊，葬在尼罗河旁的一座墓室之中。1890年末，4位英国年轻人来到埃及，在当地的走私贩子手中购得一具古埃及棺木，棺木中就是这位亚曼拉公主的木乃伊。从此，这位默默无闻的古埃及公主便给许多人带来了一连串离奇可怕的厄运。

买下木乃伊的那位英国人将棺木带回旅馆。几个小时后，没有人知道为什么，这位买主竟然无缘无故地离开了饭店，走进附近的沙漠，从此消失了踪影，再也没有回来。

第二天，他的一位同伴在埃及街头遭到枪击，受了重伤，最后不得不将手臂切除。剩下的两个人也都先后遭到了厄运。其中1人回国后无缘无故地破产；另外1人则生了重病，最后沦落在街头贩卖火柴。

这具神秘的木乃伊后来还是被运回了英国，但沿途依旧怪事不断。运到英国本土后，一位钟爱古埃及文化的富商买下了这具木乃伊。可是，厄运并没有因此而结束。不久后，富商有3位家人在一场离奇的车祸中受了重伤，富商的豪宅也惨遭火灾。在经历这样的变故之后，这位富商迫不得已，只好将这具木乃伊捐给了大英博物馆。

亚曼拉公主的魔力还没进大英博物馆便已经开始出现征兆。在载运木乃伊入馆的过程中，载货卡车失去控制撞伤了一名无辜的路人。然后，两名运货工人将公主的棺木抬入博物馆时，在楼梯间棺木失手掉落，压伤了其中1个工人的脚，而另外1个工人则在身体完全健康的情况下，两天后无故死亡。

但是，真正的麻烦才刚刚开始。亚曼拉公主的棺木后来被安置在大英博物馆的埃及陈列馆中。在陈列期间，夜间的守卫报告说，常常在她的棺木附近听见敲击声和哭泣声。更有甚者，连陈列室中的其他古物也常发出怪声。不久之后，1名守卫在执勤时死去，吓得其他守卫打算集体辞职。

因为怪事层出不穷，最后大英博物馆决定将木乃伊放入地下贮藏室。事实证明，这一切都是徒劳的，因为1个星期还没过完，下一个受害者又无缘无故地送了命。这一次送命的是决定将木乃伊送入地下室的博物馆主管。至此，这具充满诅咒的木乃伊已经声名大噪。

有一位报社的摄影记者特地深入地下室，为这具木乃伊拍了一些照片，结果却在其中一张照片上洗出了可怕的人脸。后来，实际情况如何，没有人知道，只知道这名摄影记者在第二天被发现陈尸自己家中，死因是开枪自杀。

不久以后，大英博物馆将这具木乃伊送给了一位收藏家，这位收藏家当即请了当时欧洲最有名的巫婆拉瓦茨基夫人为这具木乃伊驱邪。

在经过了繁杂的驱邪仪式后，拉瓦茨基夫人宣布这具木乃伊上有着"大量惊人的邪恶能量"，并且表示要为这具木乃伊驱邪是不可能的事，因为"恶魔将永存在她的身上，任何人都束手无策。"最后，拉瓦茨基夫人给这位收藏家提出忠告：尽快将它脱手处理掉。

但是，到了这个地步，已经没有任何博物馆愿意接受亚曼拉公主的木乃伊了，因为在以往的10年时间里，已经有20人因为她而遭到不幸，甚至失去了生命。然而，故事至此并没有画上句号。不久以后，一位不信邪的美国考古学家不

揭开"木乃伊"的神秘面纱

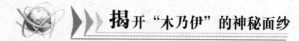

顾亚曼拉公主以前的可怕历史,仍然花了一笔可观的费用将她买下,并且打算将她安置在纽约市。

1912年4月,这位亚曼拉公主的新主人亲自护送她,将她运上一艘当时轰动造船界的巨轮。为了慎重起见,他还将她安置在船长室附近,希望她能安安稳稳地抵达纽约。您知道这艘巨轮的名字吗?亚曼拉公主最后上的这艘船就是现在妇孺皆知的 "泰坦尼克号" !难道正是这未驱散的邪恶祸及这艘 "不沉之船" ,葬送1千余条人命?其中的真假,世人又怎可得知?

不可思议的外星人木乃伊

一具制作精良并保存完好的外星人木乃伊被发现在一座古老的金字塔里。

考古学家在Lahun附近,辛努塞尔特二世的金字塔旁边的一个小型金字塔里发现了这个长约150~160厘米的神秘生物。然后,这项发现并没有马上被公布。

某位来自埃及文物部的匿名人士提供了该木乃伊的细节和照片,并提供了一份资料声称 "这具具有人类特点的疑似外星人木乃伊有超过2000年的历史" 。

这具疑似外星来客的遗体在全世界引起了广泛的争论。

部分网上资料认为,这具遗体有明显的毛发和爬虫类的特点,例如他们的眼睛,过于大而且是椭圆形的。墓碑上的碑文表明了木乃伊的主人是一位名为Osirunet的顾问,意思是 "星星" 或 "天堂使者" 。这具木乃伊被厚葬,大量奇特的陪葬品甚至连考古学博物馆的管理人员都无从辨认。

根据文物部资料记载,这具外星遗体是由宾夕法尼亚大学的捷克斯洛伐克籍退休老教授Viktor Lubek博士发现的。考古学家在调查辛努塞尔特二世的金字塔时发现,这个密室被隐藏在南边葬有法老的王后的小金字塔里。墓穴里的遗体被黄金与粘土的混合物覆盖着，亚麻布衣物似的面容，甚至有皮肤覆盖着这谜一样的生物。

墓穴里古老的人工合成防腐剂无人能辨。其他的埃及墓穴里从未发现过类似的元素，因此这项发现对现今考古学的重要性不言而喻。

这位匿名人了解到，埃及官方对这项发现产生了极大的恐慌，并希望在有合理的解释之前，将与之有关的信息隐瞒起来。埃及政府曾向许多德高望重的考古学家求助，但至今无人能用常理解释这项发现。

"真相是，每一位见过这具木乃伊的专家都一致认为它不来自于地球，"资料里说，"合理的解释就是这是一位外星人某种意义上结束了自己对埃及国王的顾问生涯。"

但政府的每一位官员都排斥这种古埃及非凡的文明得助于外星人的新说法。埃及人拒绝相信他们的文明遗物来自于外太空。

这具木乃伊遗体是外星人的吗！？

散发体香的清代女尸

发现双棺墓和女尸

2001年3月，在历史古邑、有"梨都"之誉的安徽省砀山县，人们发现了一具棺木，阳光下的棺材油漆还闪闪发亮，就象刚安葬到4米多深的地下一样。在挖掘机铁臂的帮助下，人们又砸又撬，终于打开了4个工人也难以抬动的棺盖，一股浓香瞬间从棺内喷涌而出，一位盛装白净的古代女子静静地躺在里面，像睡着了一样，有许多东西在女子的头上、手上和衣服上发出亮光。

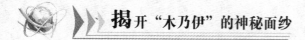

古墓及女尸的发现，立刻轰动了整个砀山县城，成千上万的百姓闻讯赶来，争睹奇观。

经安徽省文物局考古研究所有关考古专家对出土的葬具、尸体及有关器物考证分析，初步鉴定该古墓为前清古墓，出土器物为国家二级文物。

该古墓为一大型双棺墓，南北朝向，一墓两棺，东为一号主棺，西为二号棺（单棺已朽），两棺相距1米。一号棺由外椁、中椁、内棺"三套棺"组成。外椁和中椁为柏木制造，外椁呈古铜色，表面经釉状瓷粉与油漆混合粉刷，光滑细腻，可惜已朽坏。中椁呈朱红色，长291厘米，宽218厘米，椁板厚17厘米；内棺为楠木质作，棺长214厘米，宽70厘米，高75厘米，棺板均以燕尾槽扣接，整个棺体呈朱红色，光彩夺目；打开棺盖时有异香扑鼻而来，棺内布有大量中草药。外椁和中椁、中椁和内棺之间有糯米汁与生石灰的混合物，坚如磐石，厚度约40厘米。整个葬具造型美观，完整如新，浑然一体，天衣无缝。

女尸身份高贵

尸体上盖罗巾被，下铺丝棉褥，身着衣物华美如新，雍容典雅，她被置于内棺。女尸头戴黑色女士葬帽，身着绣有金丝麒麟龙凤服，绣有龙凤图案的真丝偏领大褂，补服上的官识图案为"麒麟白泽"。腰系秀有龙凤呈祥图案的黄色罗裙，还有金光闪闪的黄色网状丝穗下摆；白色内衣裤，下身着皂色长裤，脚蹬乌色短筒朝靴。

该女尸保存得相当完好，身材修长，约164厘米，肢体匀称，瓜子脸。手臂肌肉丰满，手指修长，指甲饱满，能够清晰地看出指甲上的红色指甲油。腿上肌肉也很丰满，且有弹性，关节还可曲直。一对名副其实的"三寸金莲"，大概因多年缠裹之故，仅大母趾凸现在外，趾盖尚存。骨盆紧锁，尚未生育，从牙齿磨损程度，推断年龄不过30岁。毛发浓密乌黑，发型圆转，用两枚金簪盘于脑后；面部暗灰，神态安祥，呈睡眠状，皓齿完好；胸腹部塌陷，内脏皆在其中。

最引人注目的是女尸的颈部咽喉处有"T"形剑类锐器致命伤痕，喉管、动脉、静脉血管全被切断。更奇怪的是，女尸臀部尾骨处竟长有椭圆形扁平肉囊。

随同女尸出土的还有随葬器物：金簪两枚、耳环一枚、朝珠下的胸坠一枚、帽花一枚、铜钱数枚、佛珠一串。金簪、耳环、帽花均为赤金锻造，金簪和帽花均有"元吉"铭文及花纹，细小入微；耳环锻有"鲤鱼跳龙门"图案，鱼身上之鱼鳞清晰可见，龙门形象逼真，可谓巧夺天工；佛珠系檀香精雕细刻而成，形状各异，清香四溢，其椭圆形珠坠上的佛家图案工艺考究。

从女尸的穿戴和随葬的物品来看，该女性生前生活在上层社会、养尊处优、曾受皇封（封建时代只有受过皇封的人才可着龙凤图案衣）；从出土的器物（"康熙通宝"铜钱）判断，墓主丧葬时代当为清代康熙晚期。

据《明朝典制》记载，明清官服前胸和后背缀有金丝绣成的摆巾，称作"补子"，也叫"背胸"，是代表品级的徽识。明洪武二十五年规定，公、侯、附马、伯常服绣麒麟、白泽，并且规定文官用十种飞鸟代替品级，武官用六种走兽代替，并且规定平民女子首饰不准用金玉、珠翠，只准用银。清军入关后，官服和社会制度均沿袭明朝，"补子"则规定一品武官官服用麒麟，因该墓主身着锈有金丝麒麟的官服，由此推断，墓主生前应有前清皇宫相当级别的身份。

她是"香妃"吗？

这位尊贵的清代女尸到底是谁呢？她咽喉处的"T"形伤口是怎么引起的，是自杀，还是他杀？这些谜怎么揭开呢？

据当地的老人说，古墓所在地原为乱坟冈，这座古墓是其中一个较大的土堆，他们从小常在这大坟上割草、嬉戏，但没有人知道这座坟是谁家的，就连他们的祖辈们也不清楚，也从没有看见有人烧纸、添坟、祭祀，只是早年有两座雕工精细的大石碑的基座淹没在乱草丛中。

关于这座不知底细的坟墓，民间有很多传说。有人说是明朝末年被暗害的一位朝中大臣的小妾。也有人说是风流成性的乾隆下江南时收留的一位美女，因为遭到了皇后的嫉妒，还没等皇帝正式纳妾就被杀害了，于是皇帝下旨在其家乡

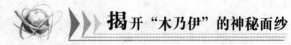

厚葬。还有一种普遍流行的说法，即乾隆皇帝十分宠爱的香妃，因她美貌无比，身有奇香，故深受乾隆皇帝的喜爱。但皇太后怕皇帝沉溺于美色，贻误大清国事，在多次极力劝阻无效后，不得不将香妃赐死。香妃贴身侍女见主子已死，也以死相随，该女子正是乾隆皇帝在砀山收留的小女子。乾隆惊见二位红颜薄命，悲痛欲绝，遂命宫人将其主仆二人送往小女子家乡砀山厚葬。

关于香妃，我国清史专家早在1937年，就经过详实的考证，认为香妃即容妃。1914年，故宫还展出了乾隆时宫廷画家意大利人郎世宁所画的10多张宫中美人像油画。其中有一张"香妃戎装像"引人注目，画中所记文字也证实确有香妃其人："香妃者，回部王妃也。多姿色，生而体有异香，不假熏沐……"

闻名天下的"香妃墓"坐落在今天新疆喀什市东北郊，也是根据传说而得名。相传"香妃"（维吾尔语名"伊帕尔汗"）是一位回疆女子，死后葬于此地，故称香妃墓。当地少数民族群众则称"阿帕霍加墓"，实际上墓中埋葬的是明清时期伊斯兰教著名传教士买买提玉素甫霍加、阿帕霍加及其后裔，共5代72人。那么，真正的香妃究竟埋葬在哪里呢？砀山神秘古墓及女尸的发现不得不让人产生联想。

自从女尸被发掘后有关于女尸霉变情况多有记载，女尸的现状不容乐观。女尸头部、颈部及四肢均长满了赤霉菌、金黄色葡萄球菌和白色菌斑等，尸表有点状液化现象。在尸体出土被冷冻展出47天之后，博物馆请来了8名专家，对尸体进行了解冻，解冻后发现尸体因冷冻已导致表皮失水、收缩、干瘪，但肌肉仍具弹性，关节亦能活动，于是采取了防腐措施，将防腐药剂遍注全身四肢、胸腔、头颅等，然后整形，已经把尸体周身浸泡在福尔马林防腐液中了。

女尸"辛追"

震惊世界的女尸

1972年，一座距今2100多年的西汉早期墓葬在湖南长沙市郊的马王堆出土。其中马王堆一号墓中出土了一具女尸，震惊了全世界。

尸体出土时，全身裹着20层丝绸衣服，半身浸泡在略呈红色的溶液里。出土后，经医生的解剖检验，证明女尸外形完整，全身润泽，皮肤覆盖完整，毛发尚在，指、趾纹路清晰，部分关节可以活动，而且内脏器官也是完整的。内脏上的病变清清楚楚，她绝大部分的细胞、细胞膜、细胞核，包括一部分神经组织，比如说人体最容易消失的一种神经组织叫迷走神经丛，都历历可见。尸体的皮下结缔组织还有弹性。股部动脉的颜色，几乎跟刚死去的尸体一样。给她注射防腐剂时，皮、肉、血管等软组织，随着药水所到而鼓起，然后通过微血管扩散。估计女尸死亡年龄在50岁左右。食道和胃里还保存着几颗甜瓜子。

对女尸的研究

2002年，湖南省博物馆新馆建成，博物馆计划将辛追遗体搬迁到新的陈列大楼，在马王堆汉墓出土女尸乔迁之前，为了保证搬迁工作的顺利进行并为以后进一步做好保护提供科学依据，经省政府同意，特请来了中南大学湘雅医学院专家对女尸进行了一次全套的"健康检查"。相关专家从解剖学、组织学、病理学、微生物学、放射学和外科学等多学科的角度，对女尸做了全面系统的检查和评估。由

揭开"木乃伊"的神秘面纱

新成立的湖南省马王堆古尸和文物研究保护中心主任、中南大学湘雅医学院人体解剖学和神经生物学系教研室主任、博士生导师罗学港教授担任项目负责人。

通过研究罗学港教授说："我们利用X光对马王堆女尸进行了观察，发现30年前我们注入女尸血管内的显影剂现在仍在流动，说明女尸的血管没有破裂，她的'血'仍在流动。女尸的关节仍能活动，相当于现在60岁左右的正常人。"

根据报告显示，通过气相色谱和高效液相色谱等方法对30年来所使用的保存液的化学成分进行了系统分析，还从单独保存的女尸消化系统、泌尿生殖系统、硬脑膜及女尸保存液和有机玻璃棺内采集可疑霉斑做了细菌和霉菌培养，所检对象均无细菌生长，也没有分离出霉菌。

在无菌条件下，检验小组还取女尸右小腿前面皮肤、小腿肌肉组织、肝组织分别用显微镜观察，发现大部分结构与30年前的检查结果基本一致。

尤其令人欣慰的是，女尸的骨结构基本正常，30年前注入血管的造影剂依然清晰可见，古尸的外形、肤色无明显变化。这些结果表明，以前使用的保护方法是成功的。

长沙马王堆汉墓出土女尸30年保存情况的报告首次对外公布，报告显示，马王堆女尸目前的状况与出土时基本没有变化。

但正如领衔对古尸进行"健康检测"的专家罗学港教授所言，不变是相对的，变化是绝对的，还有很多担忧和难题摆在古尸保护专家面前。

出土后的变化令人担忧

从古尸出土时的资料图片和现在的状况对比来看，"老太太"的面部皮肤已经不如以前红润，略显浮肿，并且舌头更加突出。对于这些现象，罗教授进行了解释。

因为出土时棺内原来的棺液是微红色，而目前用于保存古尸的溶液是白色透明的，对皮肤有一定的漂白作用，因此显得比出土时白了一些。至于面部略显浮肿，罗教授分析说，由于目前陈放古尸的玻璃棺有几层隔层，这应该是玻璃的光学折射而产生的视觉错觉。而古尸舌头比出土时伸出更多的问题，罗教授说，那是因为在古尸出土时腹腔已经积存了气体，释放出来的时候造成了舌头更加突出。

同时，在检测老太太的分离器脏时，专家们还在其肝脏中发现了几个霉菌的芽孢，虽然还没成为霉菌斑，但这已经构成一个危险的讯号，目前所有分离脏器的保护均参考古尸的保护。然而出棺时研究人员发现"老太太"尸体身上的细菌都被杀死了，但不知道前人是如何做到这一点的。

埋在地下两千余年能够保持尸体不腐，确实不可思议，但是现在尸体被挖掘出来了，还能依然保持下去吗？还能保持多久？

"目前总体来说是一边观察研究，一边保护。我们能做的只能如此。"罗学港。"很多人对马王堆的保存给予厚望，周恩来总理曾经说过，马王堆女尸2000多年不腐，我们能不能争取再保存200年不腐？但是环境变了，对保存增加了更大的难度，我们将尽心尽力，让'老太太延年益寿'。"目前，女尸已经搬到湖南省博物馆新的陈列大楼为其量身定做的"地下寝宫"。"地下寝宫"距离地面8米，恒温恒湿，模仿当年出土时原状修建，置放着大型棺椁，周围还有墓坑模型，接近"老太太"当年沉睡两千多年的地下环境。

对于古尸的保护，"体检报告"中提出了三大难题，罗学港教授给予了相应的解决思路。

目前古尸保护面临的最大难题是如何防止蛋白质的降解流失，蛋白质是组成细胞的重要成分，没有蛋白质，古尸将只剩下骨架和纤维组织，成为一具"干尸"，即木乃伊状态。解决方案是提高玻璃棺内固定液有效浓度，保护蛋白质不被降解。

但是棺内溶液有一定的酸性，随着时间的变化，古尸会受其影响，骨骼组织中的无机盐将逐渐脱离，出现骨组织脱钙现象，如何防止这种情况的继续呢？解决方案是向棺液中添加一定化学物质，中和一些酸性，保护钙质。

第三个问题是如何防止细胞组织的水肿或脱水，细胞组织的水肿或者脱水都将导致古尸皮肤浮肿或萎缩，其维持关键取决于细胞内外环境的浓度平衡。

揭开"木乃伊"的神秘面纱

143

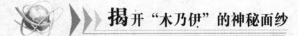
马王堆汉墓不仅是中国人关注的焦点，也吸引了世界各国的考古学等相关学科的专家的目光，他们纷纷来到中国，参与马王堆汉墓古尸的研究与学术讨论，"纪念马王堆汉墓发掘30周年国际学术讨论会"上，就有来自美国、德国、英国、加拿大、日本、韩国等长期研究马王堆汉墓的知名汉学家，专家们在一块进行了热烈的讨论，看来，这具古尸"老太太"已经成了世界的遗产，真是备受瞩目啊！

她到底是谁?

据史料记载，此女尸系西汉诸侯长汉国丞相利苍的夫人辛追，比利苍小很多岁，死于公元前186年，从其陪葬的物品（绢、纱、罗、锦、绮等大量名贵纺织品）中可见其生前的奢靡华贵。辛追早年丧夫，她儿子利豨英年早逝，死于汉朝和南越的军事斗争中，一家三口里面，辛追死去最晚，但是她死前应该过着很富裕的生活。

而且据考古人员对辛追夫人的尸体进行的解剖证明辛追夫人生前患有胆石症、冠心病、全身性动脉硬化、血吸虫等多种疾病，辛追夫人死于胆囊炎引发冠心病急性发作猝死。

有关专家根据辛追的骨骼特点、尸体照片，经过X光片拍摄，以及运用人类学知识推理，将其面相复原，绘制了三个年龄阶段的辛追的面相：18岁的辛追面庞红润，柳叶眉，杏核眼，小尖鼻，薄唇嘴，眉宇中透着一股灵气，是一个非常美丽的女子；30岁的辛追较18岁时略显丰满，眉毛微微上翘，眼神中流露出一种干练；50岁的辛追一眼看去雍容华贵，却面带病容，鱼尾纹布满眼角，眼袋下垂。

总之，辛追美丽过，也富有过，在史册上留下了光彩的一笔，现如今又为世人关注，如果地下有知也该知足了吧。

为什么马王堆女尸成为"湿尸"，而不腐烂呢？

这与墓葬的严密结构密切相关。女尸由三层椁和三层棺装殓，这已经够严密的了。椁的四周以及上部又填塞了一尺厚的木炭，用来吸水防渗。木炭外面还包着一层透水性极小的二三尺厚的白膏泥，形成密封状态。这样就造成了一个恒温、恒湿、缺氧、无菌的环境，对于女尸的不腐不烂起了决定性的作用。另外，棺椁中存有防腐和保存尸体作用的棺液。

古人在尸体防腐方面的成就是显著的，但还有许多问题至今仍未解开，有待人们通过科学的方法、仪器去探索。比如棺葬中的红色液体为何物，却无人能辨析出来。不知这一奇异的谜何时才能解开？

明代古尸

发现远古尸体

2000年8月，上海松江区华阳镇当地农民在平整土地时无意之中挖出了一具尸体。

死者是名男性，脸朝下趴在地上，一身古代装束，从皮肤和面容判断不是一具现代尸体，但奇怪的是尸体竟然没有腐烂，保存相当完整。

初步认定这可能是一座古墓。

古墓中出现这么完整的尸体，在场的人都觉得很奇怪。双手接触尸体的时候惊奇地发现双手就如同伸到冰箱冷冻室一样，异常冰凉。

确认尸身姓名

在寻找古尸随葬品的时候，在古尸衣服中找到了一个戒牒。

戒牒实际上就是颁发给佛教徒、僧侣或者是佛家子弟使用的一种身份证

揭开"木乃伊"的神秘面纱

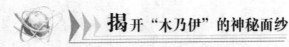

明，当戒牒的持有者云游四方到寺庙里挂单的时候，需要拿出戒牒证明自己僧侣的身份。

从戒牒来看，戒牒持有者名叫杨福信，戒牒是明代正统四年颁发的，也就是公元1439年，距今大概是500多年。

专家们初步推断这具尸身就是这个戒牒的主人。

既然杨福信生活的年代是元末明初，已经死了500多年，可他的尸身居然没有腐烂，而且在酷暑八月的江南，尸身摸起来居然寒冷如冰，这该怎么解释？

解开身份谜团

为了弄清杨福信的身份，专业人员开始在现场寻找蛛丝马迹，在收集到的一些随葬品中，最引人注目的莫过于武士木俑，还有一杆木制柄的铁头标枪。

国家体育总局武术研究院专家康戈武发现，这杆木制标枪和一般习武的枪不一样。枪头是圆铲形的，在古代兵器里没有类似的枪。可以判定这杆枪并非兵器。

但是康戈武称，在它背后曾经隐藏了一段鲜为人知的武林秘史：在元朝，北方的蒙古族入主中原。对于本族人，他们提倡要骑马、摔跤、练武。但是对汉民族，则采取了禁武政策。于是汉族人在私下悄悄习武；在公开的场合，则以武打戏掩人耳目。武打戏当中，为了防止刺伤对方，就把枪头做圆了。

随葬的枪说明杨福信生前爱武，还有可能以武打戏谋生。这能否帮助人们解开他的身份谜团？

古尸研究专家对杨福信进行了仔细检查，发现杨福信皮肤湿润、柔软有弹性，有些关节居然还能活动。

据初步测定，他的年龄在75到80岁之间。

在检查中，专家还有一个重大发现：杨福信的手掌比较大，特别是手掌的骨骼比一般人要大。这一特征，进一步说明杨福信生前很可能会武。因为常年练习武术，尤其是练掌的人，大量的练习会使手掌的肌肉发达，也能刺激骨骼增长得更快。

尸身为何不腐?

杨福信尸体不腐难道是因为临死前服用砒霜和水银等毒物的缘故?

陪葬的武士木俑、木枪以及超大的手掌,都说明杨福信可能习武多年。既然是武林中人,他的尸体不腐,难道会与江湖传说里的一些秘术有关?

在我国古代,江湖中流传颇广的一种秘术就是主动服毒,在临终前的几个月里,坚持小剂量服用砒霜和水银等毒物,这样,身体里积累起来的毒素能在死后起到防止肉身腐烂的作用。

但这种秘术仅仅是传闻。杨福信如果使用这种方法,在他的体内,一定会留下痕迹。

砒霜的化学成分是砷,水银的成分是汞,它们都属于重金属元素。为了解开疑问,专家们决定从尸体上采集毛发等样本,进行重金属元素含量的测定。但是通过对杨福信的内脏器官以及毛发进行化学分析后发现,他体内的重金属元素和正常人没什么区别,属于正常范围以内。

看来,杨福信没有主动服毒。可又是什么让他的身体如此神奇地保留了下来?

专家们利用各种仪器对杨福信的尸体进行了检测,但是依然没有找到他尸身保持完好的原因,大家开始把考虑的范围从尸身本身转移到了周围的环境。以前出土的大部分干尸都来自新疆戈壁滩或者是沙漠地区等气候极端干燥的地方。

可是杨福信尸身的所在地上海气候潮湿,在这样的环境中尸身又怎么可能保存下来?

上海自然博物馆研究院徐永庆通过多年研究,提出了另一种推断:杨福信的尸体未腐,会不会与下葬的环境有关?于是,专家们将目光集中到杨福信的墓上。

杨福信的墓室采用的是浇浆结构:四壁用青砖砌起,棺椁放入后,再把三合土浆浇注在砖墙与棺椁之间。所谓三合土,是用糯米熬制成浆,再加上石灰、黄土,按照一定比例混合而成的,与现在的水泥相类似。古人用浇浆法给棺材包裹上了一个结实的密封层。

揭开"木乃伊"的神秘面纱

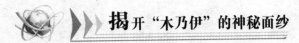

江浙一带的明代墓室当中，这样的浇浆结构并不少见，所以最初专家没有特别在意。但他们经过进一步的研究发现：这里的浇浆使用了一种特殊物质——明矾。明矾可以作为一种混凝剂，防止浇浆开裂，从而加强密封性。由于墓室密封、恒温、缺氧，细菌没法繁殖，这就为保存尸体创造了条件。

尸体为何湿润？

杨福信尸体不腐的谜团被一步步揭开，但仍然让专家疑惑不解的是，尸体至今保持着湿润，这其中又有何玄机呢？

夏纪芳记起了当时在现场看到的一件怪事。杨福信打开的棺木里面充满了水，而且当时没有下雨，棺木里的水从哪来？

有人猜测那是古人特制的防腐剂，像今天的福尔马林液体，尸体泡在里面就不会腐烂。可是，专家查遍了古代文献也没有找到相关的记载，徐永庆也对防腐液的猜测提出了异议。

既然杨福信的墓封闭性好，那棺材中的液体究竟来自哪里？当棺木被取出后，人们意外地发现：墓底部的处理相对简单，三合土浆也要比棺木四周和顶部薄许多。

松江一带河道纵横，地下水位较高。特意做薄的底部，使得地下水在500年的时间里，从下面一点点地渗透进去，形成棺液。而在此之前，因为墓室密封缺氧，尸体腐败已经停止，后来棺液的浸泡恰恰帮助它保持了湿润。

古尸的形成大多出于偶然。在江南，墓室的密封做得稍不到位，或者渗入的水不够干净，带入了细菌，都不可能保存尸体。像古墓中的杨福信，正是封闭的环境与干净的地下水，才造就了他的不腐之身。

其他明代女尸

近来，在广州市区、番禺、东莞、南海，4个地方陆续挖出4具保存完好的明代女性古尸。普通的尸体几天就会开始腐烂，更何况广东境内气候潮湿。

据考古专家介绍，那里的土地大部分呈碱性，腐蚀性很大，像这样埋葬到地下的尸体几百年后依然能够保存下来是非常罕见的。比如在南海发现明代古尸就是第一次。四具古尸为何能够经历几个世纪依然保持完整？为什么夫妻合葬墓挖出来的都是女尸，而男尸却成一堆骸骨？挖出来后失去了原来的保护，这些古尸将如何防腐保存？

这四具古尸的情况是这样的。

第一具古尸于2002年7月23日出土于环市东路，本来掘出的是一座明代夫妻合葬墓，同处一穴的男性已化作一堆白骨。

这具古尸腐烂程度也很高，身体看上去很黄，身长1.52米，体形较胖，还能看得见脂肪。根据口中仅剩的一颗牙齿推断，去世时年龄大概在60岁以上。

第二具2002年8月29日，南海西樵科技工业园发现一座夫妻合葬墓，挖出一具古尸。尸体发黑，长1.65米左右，骨骼保存得比较完整，身上的肌肉也清晰可见，腹部凹陷，头发还没有脱落，在头顶高高地盘成一束，按照古代男左女右的殡葬习惯，专家开始认为在左边的古尸是男性，后经研究才发现是女尸。

据分析，墓穴的主人为明嘉靖年间人，距今有400多年历史。

第三具年纪较大，身长1.5米多，除了下肢踝关节以下露出骨头外，身体其他部位的肌肉和皮肤都保存得相当完好，脸形清晰。

据说女性古尸姓陈，墓主人的二儿子叫钟渤，曾高中进士，任刑部官员。陈氏生前应是享尽荣华富贵，声名显赫。

第四具是用丝绸裹着的、保存完好的乳白色女性古尸。由于现场施工人员没有保护意识，古尸被暴晒一天，错失了最佳的保护时间，身体由白变黑，并开始腐烂，散发出臭味。

目前，这4具古尸正集中在广东药学院的生物塑化教研室中，接受药学院独创的"一种文物塑化保存的方法"重塑固化、防腐。

揭开"木乃伊"的神秘面纱

有关木乃伊的问题释疑

什么是干尸？

　　人体死亡之后，体内细胞会开始其自溶过程，细胞中的溶解酶体释放出各种蛋白水解酶，使生物大分子逐步降解为小分子。除这一自溶过程外，还自然受到各种腐败分解，这是一个自然过程。但是，干尸却违背了这一自然过程，没有腐烂，相反却以干尸的形式呈现在今人的面前。干尸比较常见，是整个尸体干燥的结果。它的特点是："周身灰暗，皮肉干枯贴骨，肚腹低陷"。干尸又可分成两大类型：人工干尸和自然干尸。

新疆古代干尸可以称作 "木乃伊" 吗？

　　这是一个误称。当今我国最具权威性的《世界历史词典》（上海辞书出版社，1985年）对 "木乃伊" 这个词条的解释是，"木乃伊" 源于阿拉伯文，意为 "沥青"，是一种自然生成的矿物胶油，它从岩缝中流出，呈胶状，内含某种有机物和微量元素。它被用于尸体防腐效果颇佳，无疑木乃伊的形成是靠人工来完成的，因而作为自然形成的新疆古尸标本就不能叫作 "木乃伊" 了。干尸与湿尸、腊尸、鞣尸和冻尸并称 "古尸五珍"。

楼兰美女的内脏是怎么回事？

　　古尸脏器的化学分析，可使人们了解其中脂类物、蛋白质及组织的保存情况，也可探讨古尸的病变死因，还可反映古尸当时的生存情况。通过解剖发现，楼兰美女内脏均有保存，尤其肺外形清晰可见，呈干树叶状，肺尖部较干枯但结构完整，右下肺较柔软有海绵状结构，部分肺泡亦清楚。溶解于有机溶剂时抽出液呈酱油色。令人不解的是，为什么该尸肺组织中金属等矿物质含量远远高于其他不同地域的古尸，更高于现代人？经测定，其肺内富含铁、铝、镁等，铁的含量比现代人高出14.7倍之多，还拥有其他尸体没有的铬和硼，对此应作何定论呢？

冰人"奥茨"所处的新石器时代是怎样的？

新石器时代的欧洲大约在7000年前就扩大耕种维尔金土地。第一批农民在开阔的土地上砍树，燃烧硬木树，种麦；在森林附近放牧他们的牛羊。在这一地区他们已从事狩猎和钓鱼，逐步成为熟练的半游牧生活的人们。这两种文化终于结合。这一冰人反映了耕作与放牧的混合性。他可能靠面包生活，也可能从周围森林中用天然果实维持他的生活。

中外最著名十大木乃伊是哪些？

拉美西斯大帝木乃伊、奥兹冰人、沼泽木乃伊、新克罗木乃伊、富兰克林木乃伊、列宁木乃伊、格陵兰木乃伊、印加儿童木乃伊、圣比兹木乃伊、新疆木乃伊。

沼泽木乃伊是湿尸吗？

沼泽木乃伊与湿尸不是一个概念，沼泽木乃伊属于鞣尸，多形成于酸性潮湿土壤或泥沼地区。尸体处于温度较低、空气不流通的酸性泥沼中，腐败菌的生长繁殖受到抑制，腐败变慢或停止下来。酸性泥沼中含有大量腐殖质，富有单宁物质和多种腐殖酸。很可能是这些物质的作用，使尸体皮肤呈暗色，变得非常致

揭开"木乃伊"的神秘面纱

密，犹如鞣皮；肌肉和脏器被脱水，部分蛋白质被溶去，因而肌肉及内脏体积缩小，重量减轻；使骨骼和牙齿的钙质溶解，使骨骼变软如同软骨，容易用刀切开。这类古尸更为少见。1950～1953年在丹麦的一些泥炭沼泽中发现几具2000多年前的古尸，其中一例为典型鞣尸。在我国历代古尸中，仅发现一例，即上海浦东东昌路明代古尸，经鉴定为鞣尸。

在我国历代古尸中较多见的是由于棺椁密封，又埋于深土中，并皆浸泡在棺液中，尸体体表湿润，皮肤有小颗粒、散在的、少量的结节（即"皮疹"），而内脏表面有着少量的脂肪酸盐颗粒。因此很难说是属于尸蜡一类。当然，与鞣尸、干尸等的差别就更大了。对于这些不典型的尸蜡，有的伴有部分脱钙或无明显脱钙的，有的学者曾提出过这些古尸属于特殊类型。参考国内关于古尸研究的报道，发现目前这些"不典型尸蜡"或尸蜡与鞣尸的混合型等不能明确分类的古尸，为数不少。故可以考虑有个比较统一的分类法，是否可以把这一类古尸，即出土时浸泡在棺液中，其外形完整，内脏俱全，肌体丰满，尚有弹性，四肢关节尚能活动；解剖时，肌肉组织层次分明，血管神经完好无损；镜检下组织结构保存也较良好，在某些组织中还能找到细胞结构；这类古尸的皮肤表面也可能有少量脂肪酸盐结节，骨质也或多或少有脱钙现象，称之为"湿尸"。

爱斯基摩人是怎样的？

"爱斯基摩（Eskimos）"一词是由印第安人首先叫起来的，即"吃生肉的人"。爱斯基摩是一个民族，不同地区的爱斯基摩人对自己有不同的称呼。美国阿拉斯加地区的爱斯基摩人称自己为"因纽皮特人"，加拿大的爱斯基摩人称自己为"因纽特人"，格陵兰岛的爱斯基摩人称自己为"卡拉特里特"，爱斯基摩语中即"真正的人"之意。

爱斯基摩人是北极土著居民中分布地域最广的民族，其居住地域从亚洲东海岸一直向东延伸到拉布拉多半岛和格陵兰岛，主要集中在北美大陆。通常西方人把爱斯基摩人分为东部爱斯基摩人和西部爱斯基摩人。西部地区的爱斯基摩文化深受相邻地区亚洲和美国印第安人文化的影响。

爱斯基摩人都是矮个子、黄皮肤、黑头发，这样的容貌特征和蒙古人种相当一致。近年来的基因研究发现，他们更接近西藏人。爱斯基摩人是由从亚洲经两次大迁徙进入北极地区的，经历了4000多年的历史。由于气候恶劣，环境严酷，他们基本上是在死亡线上挣扎，能生存繁衍至今，实在是一大奇迹。

木乃伊是怎样制成的？

据史料记载，制作木乃伊的工序非常讲究。

技师用石块在被清洗干净的尸体腹部左侧划开一个小口，取出尸体中除心脏以外的其他内脏，死者的心脏依然要留在原处，因为古埃及人认为心脏是一个人"良心的寄存处"，到了阴间还要过磅称一称。心脏也是人的生命和智慧之源。古埃及的《亡灵书》中就有关于守卫心脏的记载。然后是清洗体腔。接下来是处理脑袋，技师用一种特殊的带钩的工具，将其从鼻孔塞进去，直伸到脑部，搅动直到脑浆流出，然后注入药物清洗脑部，最后把药物和香料塞入头骨内。空空的体腔经过棕榈酒或椰枣酒消毒后，被涂上树脂，以防止寄生物蛀蚀。技师随后把已经包好的干燥泡碱放进体腔。体腔外也要涂满泡碱。经过35到40天后，泡碱会把尸体里的水分全都吸完。尸体经过脱水处理之后，美容师们用亚麻布或者锯末填充尸体，然后缝上切口，贴上一块画有荷拉斯保护神的皮。古埃及人相信，这种皮具有很强的愈合力和保护力。

若死者为女性，美容师还得为她编好辫子，并且装上宝石当眼睛，再将其全身涂上芬芳的香料。经过上述处理后，技师还要在尸体外裹上一层层的亚麻布。包扎时，从尸体的手指和脚趾处开始，再到四肢、躯干，工序完成后，人们还要在木乃伊的胸前放上护身符和蜣螂雕像（也叫圣尸虫），乞求它们能保佑死者顺利通过阴间的道德审判。古埃及人认为，现世是短暂的，来世才是永恒的。

揭开"木乃伊"的神秘面纱

木乃伊可以复活吗?

相传奥西里斯教给人们种地、做面包、打井、酿酒、开矿的技能,使人们的生活水平大大提高,人们非常崇敬他。但奥西里斯的弟弟塞特对此十分妒忌,阴谋杀害哥哥,夺取王位。

某日,塞特请奥西里斯吃饭,找了很多人作陪。吃饭时,塞特指着一只漂亮的大箱子对大家说:"谁能躺进箱子,这个箱子就送给谁。"奥西里斯在人们怂恿下躺进箱子一试,他完全没想到,自己刚一倒进箱子,箱子就被塞特关上,并加上大锁,被扔进尼罗河里去了。

奥西里斯遇害之后,他的妻子四处奔波,终于找回他的遗体。塞特知道此事,又偷去奥西里斯的尸体,剁成十四块,分别扔在各处。奥西里斯的妻子又从各地找回了丈夫遗体的碎块,悄悄掩埋。

后来,奥西里斯的孩子长大成人,打败了塞特,为父亲报了仇,又把父亲的碎尸从各地挖出来,拼凑在一起,做成我们今天所见到的木乃伊。奥西里斯的遭遇感动了神,后来在神灵的帮助下,奥西里斯复活了。不过,他虽复活,但不能重返人世,而是留在阴间,做了阴间的法老,专门审判惩处坏人,保护好人。

这个传说的内容无非是为了表达惩恶扬善的主题,只是个神话而已。但埃及自上古时期就风行"木乃伊"葬俗,这倒是历史的真实。据研究,受这个神话的启发,每一个法老死后,都要把奥西里斯的神话表演一番,首先举行寻尸仪式,随后举行洁身仪式,把死者遗体解剖开,把内脏和脑髓取出,然后将其浸入一种防腐液中。待70天之后,再把尸体取出晾干,将各种香料填入体腔,外面涂上树胶,以防止尸体与空气接触,最后用布将尸体一层层裹扎起来。这样,一具经久不腐的木乃伊就做成了。遗体安放之前,还要举行神秘而隆重的念咒仪式,为木乃伊开眼开鼻,把食物塞进它的嘴里。据说,这样它就能像活人一样呼吸、说话和吃饭了。最后举行安葬仪式,把木乃伊装入石棺,送入他永久的居住地———金字塔里。

如此处理尸体，未免显得过于残酷。如果不是认为这样可以防止尸体腐烂，待神灵降临之际，能够唤回死者灵魂与肉体的复活，古埃及人绝不会干这种蠢事的。

世界上许多民族都懂得尸体防腐术，这正是基于他们深信灵魂可以复活。那么，谁来使他们的遗体复苏呢？答案只有一个——神灵。然而，又是谁赋予他们这种超度死亡的转世观念？是古代某位法老突发奇想心血来潮的偶然想象，还是他们之中某位法老亲眼目睹神灵唤醒过某位死者而由此得到启发？

远古的事情的确难以料知。但在科技发达的今天，保存尸体和唤醒生命，不仅显得那么平常，而且可行的手段又是那么的多。低温冷冻可以保持生命的鲜活，并使之暂时进入一种休眠状态，细胞组织不仅可能复制生命，甚至还能源源生产。科技的发展的确令人咋舌，本世纪初低温冷冻仅仅是一种幻想，如今它已被广泛地运用到精液冷冻、血液保鲜、人体器官移植等许多领域，而细胞组织培育运用的领域更为宽泛，从植物种苗的栽培一直到畜牧业的品种更新方面。

低温冷冻人体生命正在成为现实。美国、苏联均已成功地冷冻并复苏了狗、鱼等生命。今天，细胞组织培育技术不仅成功运用在农林业和畜牧业上，给人类社会带来巨大的物质效益，而且在古生物和人体方面的试验，也日益接近突破的边界。

因此，当1963年美国俄克拉荷马大学的生物学家郑重宣布，已逝几千年裹于木乃伊之中的埃及公主美妮的皮肤细胞还有活力时，全世界都为之震惊。这也就是说运用现有的细胞组培技术，我们可以在不久的某天唤醒美妮公主。

由此看来，埃及法老们相信转世再生绝非荒诞不经的想法，只是我们对他们太缺乏了解。

因此，考古学家曾用激动不已、甚至战战兢兢的口吻告诉我们以下事实——1954年，美国科学家在埃及萨卡拉地区，发现了一座从未被盗的坟墓，墓中的金银财宝依然完好，在黑暗中熠熠有辉。尼姆教授带领考古人员正式撬开滑动的、但不可拆卸的石棺盖时，他们惊讶地发现，棺内空无一物。

难道，木乃伊长了翅膀飞起来了吗？

揭开"木乃伊"的神秘面纱

难道，安葬者把大批财宝放进修得富丽堂皇的陵寝时，突然忘了放进死者？

1955年，在距蒙古共和国边界不远的地方，发现库尔干五世的坟墓。人们大为惊叹地发现，整个墓室堆满了长年不化的冰块，墓中所有的随葬物品均保持着完好状态。一对全身赤裸的男女安眠于冰块之中，宛似活人。他们神态安详，并若有所思，仿佛随时都愿意重返人间。

当你听到这些时，千万不要惊慌。因为在美洲安底斯山脉有冰坟，在西伯利亚有冰川坟，在北非和南非均发现过木乃伊。

这些冰坟主人的身旁，放着珍宝和供来世所需的一切物品，所有这些坟墓都设计得精美异常，牢固难破，历千年风雨，依然坚如磐石。

不是把转世再生的希望寄托于神灵的帮助的民族，是不会如此认真地保存尸体的。

那么，"神灵"又是谁呢？

在埃及发现的动物木乃伊都有哪些？

主要是鸟类和爬行动物，如老鼠木乃伊、狒狒木乃伊、鱼木乃伊、鳄鱼木乃伊、鹰木乃伊、猴木乃伊、牛木乃伊、狗木乃伊等等，但最多的还是猫木乃伊，因为在古埃及猫比较受宠，而且猫是女神巴斯特的化身，人们大多把猫制成木乃伊供奉给女神。

人体自然腐朽的过程是怎样的？

以科学规律来说，人的心跳一旦停止，血液就会停滞，体内细胞会由于缺氧而在数分钟之后死亡。外部环境会大大影响尸体腐烂的速度。人体通常在死后数天开始腐烂。肠道内的微生物开始从身体内部分解腹部，而叫做芽孢梭菌和大肠杆菌的细菌，则开始分解身体的其他部位。

腐坏的尸体通常会变绿，尸体释放的某些物质与气体会使皮肤膨胀、起泡，这种现象通常从腹部开始。几周内，毛发与指甲就会因为腐烂而脱落。约一个月后，身体组织开始液化。一年后，尸体多半只剩下骨架与牙齿，只有少数细胞组织还附着在骨架上。

古尸如何存留几百年

古尸得以保存一般具有以下条件：首先要对尸体用药水清洗加以防腐，讲究的还会在腹中填加香料；棺木则要选用松木等防腐防蛀功效高的木材；棺木外面有的还加椁，并填充香料；墓室要挖得比较深，并用石块等密封，外层加上几十厘米厚的沙灰浆，沙灰浆用糯米、红糖、石灰等混合而成，黏性大且不透气。最后，墓地要干燥且不易渗水。

古尸现象的出现和尸变并没有关系

体质人类学家冯家骏说，民间"尸变"的传说与古时候医学水平低下有关，发生所谓的"尸变"，大部分是人还没死家人就给他举行葬礼，结果中途发现人活动起来。事实上那个人当时并没有死，万一被下葬的话，他也不可能成为干尸。

什么是尸腊？

尸蜡多见于浸在水中或埋在水分充足、潮湿多钙和镁等物质地区或泥土里的尸体，在尸体表面或体内脂肪组织中形成灰白色或黄白色坚实的脂蜡样物质，有油腻感，可以压陷，但脆而易碎。

尸蜡较干尸少见，其蜡化的变化一般仅见于皮肤及皮下脂肪，因为尸体在蜡化过程中，腐败大都仍在进行，局部形成尸蜡后，尸体其他组织，尤其是内

揭开"木乃伊"的神秘面纱

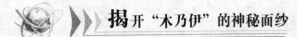

脏，则大多已毁坏。国外关于尸蜡的报道较多。但国内尚未发现典型的尸蜡，不过，很多古尸都有尸蜡样的改变。专家认为，这是因为环境虽然干燥，但由于尸体一部分已干化，其水分就足以供尸体的另一部分形成尸蜡。

尸体为何保存数百年不腐？

在我国历史上，尸体保存数百年而不腐的事例不乏记载。《晋书·愍帝记》中记载：建兴三年六月，关中人盗掘汉代霸陵、杜陵及薄太后陵，太后面如生时，得金玉彩帛不可胜记。据《史记·外戚史家》，薄太后死于公元315年，相距470年之久，不但面貌如生，而且衣物尚可使用。

据文献记载，我国古代贵族死后先要用香草熬制的香汤和药酒给尸体沐浴，使之香美去秽，然后是穿衣入殓，衣物多达十数种，放入漆制精美的重棺，而棺盖用胶漆密封。

据考古学家考证砀山古墓女尸距今应有300年左右的历史，为什么这么长时间尸体依然保存完好呢？

1、葬具好。作为棺材的木料是柏木、楠木等名贵木料。

2、密封严。三层棺椁之间及外层均有较厚的糯米汁与生石灰混合层，既吸水防潮又消毒杀菌。内棺不用钉封口，而用燕尾槽密封，与外界空气隔绝。

3、埋葬深。距地表4米，尸体一直处于恒温、恒湿的环境中，形成一个相对真空带，防止了细菌的侵入。

4、尸体表里采用了某些耐腐蚀保尸药物，进行了防腐处理，据初步考证保尸药物为冰片、灯心草、麝香。

5、从尸体的穿着看得出来，下葬时为冬季，这是尸体能保存下来最重要的原因。

6、死前体内水份大量流失。

如何炼就"金刚不坏"之身？

人在死后机体免疫力会迅速瓦解，体内存在的细菌会以遗体为养料，不受控制的繁殖，最终造成遗体腐烂。而如何保证死后遗体的不腐，就是一件需要考虑包括遗体灭菌、恒温、隔离外界污染等各种条件的，极其耗时耗力的技术活。

古埃及人相信遗体不腐，便能永生。因此古埃及人精通遗体防腐，制作的木乃伊常常能保存上千年。

遗体为什么会腐烂？

人体内的细菌多达两公斤，人死后，这些细菌不受限制的繁殖，最终导致遗体腐烂。

腐烂是指遗体上的蛋白质和其他有机物分解成无机物的过程，造成腐烂的主要原因是细菌，而细菌在人体中却是一直存在的。据法国遗传学家杜斯科·埃尔利希说，人体内约有2公斤左右重的细菌，它们在我们的皮肤表面、口腔、呼吸道、消化道等处广泛存在。其中仅仅寄居在人们口腔中的细菌就有80多种，而人类皮肤上更是存活有250种以上的细菌。这些细菌不仅种类繁多数量也非常巨大，据统计，每平方厘米的皮肤上生活着约1000万个细菌，而在我们的肠道内一平方厘米的地方更聚居着100亿个细菌。

影响遗体腐烂快慢的因素有哪些？

温度、湿度、体格胖瘦等多种原因都会影响遗体腐烂的速度，肥胖者因体内水分含量高，更易腐烂。

遗体腐烂主要是细菌作用的结果。因此，凡是对细菌繁殖发育有利的条件，都能促进腐烂的发生与发展，而细菌繁殖发育的最好条件，是适当的温度、

揭开"木乃伊"的神秘面纱

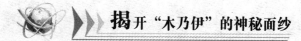

湿度和空气。适宜的湿度是细菌繁殖的重要条件，也是遗体腐败得以进行的重要条件。遗体中水分含量达70％时，特别适宜于细菌繁殖，遗体腐败最易进行，肥胖者因为体内水分多，水分分散也较为缓慢，一般腐烂的速度也较瘦弱者快。此外环境、死因、甚至死者年龄等等因素都会影响遗体的腐烂速度。

趣闻：美科学家拟建"尸体农场"研究尸体腐烂过程

风行一时的美国系列电视剧集《犯罪现场》里，利用高科技进行尸检的破案手段给人留下了深刻印象。而在实际侦缉中，由于尸体腐烂勘破案情绝非易事。

如今，美国一位科学家正在寻求政府支持，在一块农场上建立"尸体"实验室，专门研究人类尸体在大自然中的腐烂过程。对犯罪学家和研究尸解过程的科学家而言，"尸体农场"的成立不啻为一个福音。

泰勒·奥布赖恩是北艾奥瓦大学的生物人类学教授。他近来正在考虑一个"惊人"的想法：把美国中西部的一块农场变成一个特殊的"尸体自然分解"实验室。在农场里，大量尸体将被埋葬在地下、堆积在卡车里或直接暴露在野外，供实验人员观察尸体在不同自然环境下的分解过程。对科学家和犯罪学家而言，"尸体农场"将能够提供有关尸体分解的全新"基准性"资料。

为把这一想法变成现实，奥布赖恩正在向全国司法研究会和其他组织寻求资金赞助，以购买土地和建立实验室。资金数额在40万到50万美元间。

奥布赖恩的"尸体农场"在美国并非首开先例。他的导师——田纳西大学法医人类学中心的巴斯三世曾经在野外成立过类似的"尸体"实验室。

巴斯实验室位于田纳西大学附近，方圆1.2万平方米。巴斯及其团队在此进行了30多年的苦心研究。他们记录下尸体在不同环境中的分解过程，包括尸体葬在棺木里、埋在浅墓穴中、浮在水上、暴露在野外被生物腐蚀或是在湿热环境中腐烂的不同情况。巴斯的研究结果不但被奉为犯罪学家的必读教材，还是许多作家的灵感来源。帕特里夏·康韦尔1994年的畅销书《尸体农场》及巴斯回忆录

《死亡土地》都取材于此。

对于学生奥布赖恩成立第二个"尸体农场"的想法，巴斯深表赞同。他说，在不同气候条件下研究尸解状况很有必要。执法部门官员也对这项研究深感兴趣。

为顺利开展实验，"尸体农场"需要为数不少的尸体。但尸体来源只能靠人们捐赠。

奥布赖恩说，要使公众真正认识到"尸体农场"的重大意义还是"艰难的任务"。不少民众认为，将遗体用于研究是对死者的"不敬"行为。

54岁的罗伊·克劳福德对此则持不同看法。他是一名矿业工程师，空闲时利用自己的专业技能协助法医尸检。1993年罹患癌症后，他决定捐赠自己的遗体。克劳福德将自己的捐赠承诺视为一种道德责任。他说："用我自己的身体进行的研究，总有一天能在抓杀人犯时派上用场。想到这点我就很高兴。"克劳福德评价"尸体农场"是一所"大自然中的科学实验室"。

遗体防腐要防些什么？

一方面细菌无处不在，另一方面有机物质本身也会随时间而发生变化，所以，遗体防腐，其实就是让一切变化控制在最小限度内。

虽然细菌是遗体腐烂的主要原因，但仅仅防止了细菌生存并不够，还要防止遗体的有机物质发生其他方面的改变，就以占人体干重50%以上的蛋白质为例，它就会在温度、压力、水分含量、移动、振荡、紫外线照射、还有酸碱环境甚至超声波等等因素的影响下而发生改变，并且时间越长改变越大。一旦在这些因素的影响下，蛋白质的结构发生变化，其自身的稳定性就会受到巨大的破坏，长期积累就会彻底改变遗体的状态。

揭开"木乃伊"的神秘面纱

遗体防腐都会使用什么方法?

遗体保存的目的不同,使用的方法也不同。但常用的方法一般包括:药物防腐、真空防腐、干燥防腐、低温保存等技术。而且使用不同方法保存,最长保存时间也不同。

常用的防腐方法有福尔马林灌注法、干燥防腐、真空或惰性气体防腐、药物防腐以及超低温防腐。干燥防腐有很不错的效果,古埃及和秘鲁的木乃伊在合适的条件下甚至可以保存数千年,但因为尸体已经充分脱水,遗体的外貌也发生了彻底的变化。另一种常用的福尔马林防腐,通过长时间地浸泡遗体,可以有效地固化蛋白质,防止蛋白质变性,但固化后的蛋白质就会脱色变黄。真空和惰性气体这两种防腐方法,能够最大限度地降低遗体蛋白质因氧化发生的变性,同样也能防止细菌繁殖。而超低温防腐保存效果也很好,一些细胞在解冻后,甚至还能恢复生物活性,但保存条件要求极高,常常需要把遗体全部浸泡在超低温的液氮中。

经过防腐处理的遗体还是完整的吗?

遗体防腐处理后很难保存完整性,防腐处理第一步就是要去除内脏和排干血液。列宁遗体就仅有10%的部分还在列宁墓内。

遗体的内脏和血液因为含有大量不稳定蛋白质,且易于细菌滋生,因此也是最容易腐烂的部分。所以尸体防腐处理一般首要任务就是去除遗体的内脏,排干血液。但遗体的不同部位的腐烂速度还是不同,所以遗体防腐只能说部分防腐,而且一旦部分器官有了腐烂,为了防止污染扩散,必须将腐烂部分截去,保证未腐烂部分安全。

统一俄罗斯党党员、国家杜马议员弗拉吉米尔·梅金斯基2009年初称:仅有10%的列宁遗体还存放在列宁墓内。从1943年12月起,列宁遗体开始腐烂,当时就被截去一条腿和部分左肢，以人造假肢代替。之后1961年，当斯大林遗体从列宁墓移出后，遗体再次腐烂。最后只能将尚未腐烂的头部同躯干分开。将其头颅取下安装在人造躯体上，肉身躯干火化。

遗体处理成本是多少？

遗体处理技术在各国都属于国家机密，初期防腐处理成本至少在100万美元，之后长期维护费用每年也至少需要80万美元。

对列宁遗体防腐处理，是苏联首创，倾苏联全国之力，仅仅陵墓的设计方案就高达117项，成本难以统计。处理和护理遗体的防腐液成分一直都是苏联国家一级机密。之后列宁的遗体每周都要被保养两次，而且所有过程都要在室温16摄氏度，湿度不超过70%的无菌室中进行；每隔18个月，还要把列宁的遗体放到专门的处理池里，用特殊药液浸泡两个星期。据列宁保存委员会第四任负责人白科夫教授称，仅仅这些护理费用每年就需要超过100万美金。而由于苏联解体后，俄罗斯政府已不再为遗体保存拨款，列宁的遗体保存费用一直是作为科研经费，由科学家自筹的。保存列宁的遗体已经成为一个科研项目，保养费用也是因此得到公布。

根据新华网2011年的相关报道，金日成的遗体处理也是邀请俄罗斯专家进行的，同样对遗体的初期处理和后期维护都需要巨额的费用，制作成本据估计也超过100万美元，每年的维护成本也在80万美元以上。

此外，俄罗斯《独立报》报道过，几乎所有保存遗体的场所，都还会有一具享受几乎和领导人们遗体同等待遇的死者。这位死者的年龄、体重、体型及死因，都同领导者相近。凡是准备在主遗体上施用的保存技术，一般都要先在这位对照死者身上先施用，成功了再去应用。通过试验以最大限度地保存主遗体不受损坏，降低风险。

揭开"木乃伊"的神秘面纱

有没有专门负责处理遗体防腐的团队？

有，是一支由俄罗斯生物结构研究中心专家组成的团队，此团队曾帮助越南、朝鲜、安哥拉等多个国家做过遗体保存工作。

这支由前苏联专家为主体，后期被更名为俄罗斯生物结构研究中心的团队曾经为保加利亚领导人季米特洛夫、越南领导人胡志明、蒙古领导人乔巴山、安哥拉领导人阿戈什蒂纽·内图、捷共主席哥特瓦尔德和朝鲜领导人金日成做过遗体防腐处理，而且根据各地不同的气候和各人不同的情况分别作了特别设计，该团队堪称遗体保存技术世界第一。

在处理安哥拉领导人内图的遗体时，还专门研究了新的保存色素技术，使之肤色不变淡，仍然保存黑人特色，使其亲友尽量看到栩栩如生的形象。针对越南潮湿的气候和蒙古干燥的气候，也分别设计了不同的环境控制技术，使遗体能够在最佳环境下保存。

水晶棺有什么作用？

水晶棺的主要作用就是在保证尸体周遭环境稳定的同时保证遗体可以得到瞻仰。

水晶棺即水晶玻璃造的棺材，一般特制的水晶棺都是非常昂贵的，而且制造工序繁复。水晶棺首先要保证安全性高，稳定，不易损坏；其次要具有极高的密闭性，多数水晶棺内部会注入惰性气体，达到与外部环境的氧气和细菌隔绝的目的；最后玻璃的透光度和屈光度等光学指标上水晶棺也要达到要求，保证馆内遗体形象最大程度的不失真。

所以制作水晶馆的玻璃一般都是极高品质的石英玻璃，这种玻璃硬度高、结实牢固，热膨胀系数小，不易炸裂，耐腐蚀性高（除氢氟酸以外，不怕任何物质腐蚀），透光性也好。但石英玻璃价格昂贵，且制作难度和面积大小直接相关，玻璃面积越大，制作难度也就越高。

趣闻：

（1）领袖遗体保存秘史

1925年，孙中山先生逝世后，中国方面曾求助于苏联，希望能够帮助为孙中山作遗体防腐处理。但苏联人认为，列宁是不可比拟的领袖人物，其他人不可能再享受这种殊荣。中国人只好把孙中山安葬在南京。

1949年7月2日，保加利亚共产党领导人季米特洛夫在莫斯科病逝。苏联领导人决定打破惯例，为季米特洛夫的遗体作防腐处理。遗体防腐处理的大部分工作是在保加利亚完成的。此后，苏联科学家担负起列宁和季米特洛夫两个人的遗体保护工作，经常往来于莫斯科和索非亚之间。季米特洛夫的遗体保存了40多年。1990年，季米特洛夫遗体从陵墓中移出，被葬在其父母的墓地。

最富传奇色彩的是越南人民的领袖胡志明遗体的保存过程。1969年9月2日胡志明去世。由于没有必要的设备，苏联专家建议将胡志明遗体运到莫斯科处理。越南领导人坚决反对这个方案，认为无法向人民交代。于是苏联用飞机将设备运到越南。当时美国飞机经常对河内进行狂轰滥炸。

为安全起见，在距河内30公里的热带丛林中修建了一座小陵墓，胡志明的遗体就掩藏在那里。但是，天有不测风云，在距陵墓2公里处，美军空投了伞兵，估计是寻找战俘。当时决定立刻将遗体转移，并把水晶棺藏在地下。后来遗体又转移到一个位于悬崖上的山洞里。转移工作非常危险。专门为转移遗体修山路，修一段，载有遗体的装甲车走一段，然后把走过的路毁掉，以免被天上的飞机看到。胡志明的遗体在这个山洞里一直放到1975年5月越南战争结束。战后，胡志明遗体再次被安放到最初在森林中修建的陵墓，后来才移到河内。

（2）金日成遗体保护年需80万

金日成（1912–1994）朝鲜劳动党总书记、人民共和国主席。朝鲜的开国领袖、国父。1994年7月8日，因心脏病突发逝世，终年82岁。他的儿子金正日接了他的班。1998年9月，修改后的宪法称金日成为朝鲜永远的主席。金日成曾多次访问中国。

揭开"木乃伊"的神秘面纱

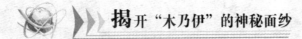

安放金日成主席遗体的锦绣山纪念宫。金日成去世近一年后的1995年6月，金正日决定将金日成的办公楼锦绣山议事堂改建为"锦绣山纪念宫"，并将金日成的遗体和生前所使用过的遗物陈列其中，以供瞻仰。

金日成的遗体防腐处理也是苏联协助完成的，此时苏联已解体。而由堪称具有尸体保存最高技术的俄罗斯生物结构研究中心负责。他们也曾负责过列宁遗体的永久保存工作。据悉，金日成遗体需要耗资巨额的保护费，每年约80万美元。

（3）遗体制作大师与列宁和斯大林的故事

人类历史上第一具水晶棺是供奉列宁的。他缔造了无产专政，从巨掌中释放出雷电、烈火与旷世大饥馑，是始皇帝，自然应该以不朽之躯光照万代。

以天然水晶制棺，绝非易事。按照苏俄早期的技术条件，估计也就是称之为人造水晶的高铅玻璃。更困难的是遗体防腐：既要瞻仰，便不能像古埃及木乃伊那般用香料麻布缠裹起来，还要保持庄严安详，栩栩如生。奉命参与其事的医生们害怕试验失败惨遭不测，一个个虚与委蛇。唯有一名犹太籍生物化学家泽巴尔斯基同志敢冒风险，配制出一种神奇防腐液。从此，他便成了已故领袖的首席御医，年年岁岁与尸身为伴。每周两次开棺，把遗体送进消毒室检查、涂药。每十八个月把遗体放入防腐液浸泡两周。

但遗体之腐烂不可阻止，上世纪三十年代，替换了部分开始腐烂的皮肤和双手指骨。二次世界大战期间，德军逼近莫斯科，列宁遗体被送上一列装甲火车，紧急转移到西伯利亚油田。泽巴尔斯基和他的同事们充分利用了"天高皇帝远"的自由，施行了一次奇迹般的"青春疗法"：他们清除了列宁皮肤上的色斑，填高了已塌陷的鼻子和眼睛，以至于战争结束返回莫斯科后，人们感觉列宁的容貌似乎比刚去世时还年轻。惜乎好景不长，尸体继续腐烂，只好再截去一条腿和部分左手，代以假肢。至六十年代，遗体再次大面积腐烂，势不可挡，即便像致力于核弹、航天研究那般不惜工本，也莫可奈何。不得不将头颅取下，安装在人造躯体上。手术精湛，天衣无缝。没人能看出丝毫破绽。

因保护列宁遗体厥功甚伟，泽巴尔斯基先后被赐封了一大堆名号勋章。斯大林多疑。列宁的其他近侍，如列宁陵墓指挥部的几任司令，包括列宁早期的卫队长，皆先后被秘密处决。一位与泽巴尔斯基亲密合作的著名教授也神秘死亡。在忠实守护列宁遗体25年之后，泽巴尔斯基也成了克里姆林宫锦衣卫的下一个猎物。斯大林在报告上批示："在没有找到可靠的替代人选之前，不要动手。"自然，被克格勃惦记上了的泽巴尔斯基最终也未能逃脱厄运，但没有杀头，仅仅是被捕入狱。他的儿子小泽巴尔斯基奉旨接班，先后参加了斯大林、胡志明、金日成等领袖的遗体保存，成为一代偶像制作大师。

斯大林去见马克思时，老泽巴尔斯基还在吃牢饭，但他所发明的神奇防腐液和遗体处理秘技却流传下来。斯大林停止呼吸两小时后，遗体就被送到列宁墓下面的特别生物实验室进行解剖和初步处理，然后再运去参加规模盛大的追悼仪式。其后，防腐处理进行了三个月，同时赶制出新水晶棺。由于初期防腐处理及时，斯大林遗体状况绝佳，本当永垂不朽，却不料八年后的1961年深秋，为了加速推行"非斯大林化"，苏共22大正式通过决议，将斯大林遗体移出列宁墓。此时，已是赫鲁晓夫秘密报告第六个年头了。

决议通过当晚，红场实行戒严。

克里姆林宫卫队开启水晶棺，把斯大林请出来，安放到一个普通木棺内。匆忙之中，没忘记把元帅礼服上的黄金纽扣换成铜的。遗体覆以黑纱，露出脸和半个胸部。然后钉上棺盖，由八名军官抬到克里姆林宫红墙下一个刚掘出的土坑边。简短默哀后，埋进墓穴。有人证实，新土上又倾倒了几车混凝土。那意思是永远埋葬，再也不可能爬出来了。

多年后，一位当时在现场的守墓士兵来到《共青团真理报》编辑部，披露了一段鲜为人知的轶事：就在迁葬那晚，红场上聚集了大批斯大林的格鲁吉亚老乡，打算阻止迁葬行动。情绪激动的老乡们冲到陵墓前，与守墓士兵们扭打，抢夺枪支。精锐的"捷尔仁斯基师"紧急出动，"像扔柴禾一般，把在场的格鲁吉亚人统统扔上卡车，洒水车则将死者血迹冲洗干净。"

奴隶为暴君打抱不平，却又遭习惯性野蛮镇压，这真是双重的悲剧，委实令人无言以对而唯有叹息。

揭开"木乃伊"的神秘面纱

遗体身上的衣物有什么特殊作用吗?

遗体上其实是管线密布,充斥着防腐液体,衣服可以很好的掩盖,部分遗体器官因腐烂移除后也要依靠在衣服中加填充物遮掩。

遗体身上的衣服可以掩盖遗体身上的伤口,配合适当填充物,即使有部分腐烂器官被移除也不会被参观者发觉。而且衣服内部可以安置管线,注射防腐液,保证遗体最少限度的暴露在空气中,平衡美观性和保存遗体的需要。

据俄罗斯一家独立电视台的报道,列宁遗体所穿着的衣服一直是从瑞士特别订购的,每套价格超过3万美元。到后期,由于列宁遗体大面积腐烂,除了头部以外,其他部分的遗体都被移除并火化。但大量的人造替代物和衣服的配合下,仍保证了参观者眼中列宁遗体的完整性。

遗体展览和防腐是矛盾的?

是,展览遗体加大了防腐的难度,一些防腐效果更好的方法,都因为观赏性不足而被舍弃。

低温液氮冷冻,风干和塑化都是比较好的能够长时间保存尸体的方法,但无法完好地保持遗体的外观,都被放弃使用。一般都会选择防腐效果不是最好,但能够比较完整地保存遗体原貌的药物防腐,再配合密封性比较好的棺木,保证遗体与外界环境的隔离。而为了保存遗体的原貌,比较成熟的杀菌方法也难以使用,包括福尔马林的长时间浸泡,因为长时间浸泡会导致遗体外观变黄,所以常常只是通过体内血管灌注药液等方法杀菌,但效果远比长期浸泡差。

另一方面,大量的公众参观会直接影响保存遗体环境的稳定性,增加不可控的环境变量,这也是保存遗体场所往往严格限制参观人数和参观者卫生状况的原因。展览遗体需要必要的灯光,而灯光的长期照射也会对遗体蛋白质的结构产生影响,所以展馆中灯光也都较昏暗。

根据韩国媒体报道，在锦绣山纪念宫，参观者在进入安放金日成遗体的房间时，绝对不许携带任何物品，要通过X光安检，并且彻底地清理鞋底，保证脚下纯净无菌，最后还要在吸入式除菌间将衣服和头发上的细菌清理干净才能获准进入。

遗体冷冻后可能复活吗？

据专家解释，人体冷冻确有科学依据。它称为低温学——研究在非常低的温度下物质的性质将如何变化。人体冷冻法——在极低温度下保存人体，并希望在未来使其复活的技术——现在已经实现，但仍处于初级阶段。

冷冻条件：心跳停止脑细胞仍活动

要了解人体冷冻技术，先想想以前的新闻故事：有人掉进了冰冻的湖里，并在冰冷的水中浸泡了一小时后才被救起。这些人之所以幸免于难是由于冰水使他们的身体处于假死状态，减慢了新陈代谢，并使大脑活动处于不需要氧气的状态。但人体冷冻法与掉进冰湖后苏醒有一些不同。首先，对活着的人实施人体冷冻延时是违法的。要实施人体冷冻程序的人首先应是被宣布法定死亡的人，心脏必须停止跳动。

但是，如果他们已经死亡，又如何让其复活呢？实施人体冷冻技术的科学家的说法是："法定死亡"与"完全死亡"是不同的。科学家指出，完全死亡是指所有的大脑活动都停止。人的心脏停止跳动时，一些脑细胞仍在活动。人体冷冻法就是保存这些残留的少量细胞活动。从理论上说，这个人在未来是可以复活的。

冷冻过程：细胞除水注甘油防护剂

如果您决定接受人体冷冻，首先要加入一个人体冷冻机构并每年支付会员费（大约400美元/年）。当心跳停止后，应急小组会稳定您的身体状况，为大脑提供足够的氧气和血液来维持最基本的大脑活动。他们把您的身体放入冰块中，并注射肝磷脂（一种抗凝血剂）防止在途中血液凝结。

实施真正的"冷冻"不会只将病人放入一桶氮液中，因为这样做会使细胞

揭开"木乃伊"的神秘面纱

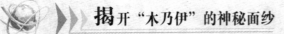

中的水分结冰。一旦水分结成冰，细胞会膨胀并最终破裂。人体冷冻小组必须先去除细胞里的水分，然后注入一种基于甘油的化学混合液，称为低温防护剂。这个过程称为玻璃化（不结冰的冷冻），使细胞进入假死状态。

身体的水分被低温防护剂替代后，他们会将您的身体放置在一张干冰床上进行冷冻，直到温度达到零下130摄氏度，玻璃化过程才结束。下一步要将身体放入一个单独的容器里，并将容器放入一个盛满零下196摄氏度液态氮的大金属箱内。您的身体是头朝下放置的，这样即使箱子有泄漏，您的大脑也会浸泡在冷冻液中。

替代选项：只冻大脑未来重造身体

在20世纪70年代末，美国大约有六家人体冷冻公司。但是保存和维护每个遗体的费用如此之高，使很多公司在接下来的十年中都倒闭了。现在，只有少数公司提供冷冻延时服务，包括位于美国亚利桑那州的阿尔科生命延续基金会和位于密歇根州的人体冷冻研究院。2004年初，阿尔科生命延续基金会有650多名会员和59个低温贮藏的病人遗体。

实施人体冷冻并不便宜，费用高达约15万美元。对节俭一些的人来说，仅5万美元就可保存大脑————这种选择被称为神经延续。以这种方式保存的人，希望随着技术的进步，可通过克隆或重生来构造身体其他部分。

如果您选择冷冻延时，您要有心理准备旁边会有同伴。几个身体或头部一起存储在同一个氮液箱子中是常有的事。许多人被保存在冷冻机构中。可能他们当中最著名的人物就是棒球运动的传奇人物托德·威廉姆斯。但是还没人真正被复活过，因为这项技术还不存在。

有望成功：纳米技术修补冷冻损伤

虽然被冷冻延时的人还没被复活过，但活的有机体已可以从死亡或临近死亡的状态下恢复健康，并且有过这样的事。神经外科医生常常冷却病人的身体，以便对动脉瘤进行手术，而不损伤或割裂大脑中扩张的血管。生育诊所里冷冻的人类胚胎被解冻后植入母亲的子宫，可发育为正常的人类。

此外"纳米技术"也有望使复活在某一天成为现实。纳米技术使用显微镜设备来处理单个原子（生物体最小的组成单位）来建立或修补近乎一切东西，包括人类的细胞和组织。希望有一天，纳米技术不仅可以修复冷冻过程带来的细胞损伤，而且可以修复由于衰老或者疾病引起的损伤。一些低温生物学者预言，第一个冷冻复活的人可能会在2040年左右出现。

古埃及木乃伊永久的住所——金字塔

据埃及学学者们的研究，金字塔的建造起源于古埃及的神话：古埃及国王奥西里斯被自己的恶兄弟杀害，碎尸后被扔到了尼罗河里。王后伊西丝悲痛欲绝，她找到遗体，伏尸痛哭，这感动了太阳神。于是天神帮助她把尸块还原成尸体，做成干尸，即木乃伊。奥西里斯于是再生，成为冥界的主宰。从此以后，每个法老死后，都要把奥西里斯神话表演一次，制成木乃伊后装入石棺，再送进"永久的住所"——金字塔中。古埃及人认为，这样，法老们的灵魂就能永生，并在3000年后的极乐世界里复活。

金字塔之谜

金字塔建筑

埃及金字塔建造于很遥远的古代，它是西方建筑的"祖师爷"。人们把经典建筑艺术的源头归溯于古埃及。古埃及重要的建筑遗迹经历了5000年漫长的岁月，仍然让今人叹服不已，研究不已。在古埃及早期的历史中有一个阶段被称为"古王国"时期，那是一个繁荣强盛的时代。在那个时代，法老（国王）们热衷于为自己树碑立墓，于是就建造了人类历史上最早的宏伟的纪念性建筑——金字

揭开"木乃伊"的神秘面纱

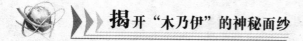

塔。直到今天，经过了4500年，仍然有60余座金字塔排列在埃及开罗周围的荒沙间。其中最著名的就是吉萨三大金字塔。它们高耸于晴空，就像群山间的高峰。它们非常高大，比世界上最大的基督教堂——罗马的圣彼得大教堂还高还大。

自古以来，金字塔就被称为世界七大奇迹之一。人们无法想象在那么遥远的年代，在只有粗陋的工程技术水平的年代，古埃及人是怎样建造出这一举世罕见的宏伟工程的。当时的建造者既没有起重设备，也没有滑轮，甚至连轮子都没有，他们是怎样将相当于十辆汽车之重的大块石头提升到金字塔上的呢？所以有人怀疑金字塔是外星人遗弃的着陆标志。

此外在金字塔规整造型上所体现出的精确的数字计算系统，金字塔建筑技术的精确度也一再被人们研究、夸赞和叹服。就大金字塔而言，它的底座边长为755英尺，实际尺寸与设计图纸之间的平均偏差不足5英寸，偏差率仅为百分之0.01，这比现代建筑的误差还要小，怎么不令人惊叹呢？很难想象，在久远的原始石器时代，人们就创造出了如此伟大的建筑奇迹。

古埃及人这种对死后永生的信念决定了金字塔的形式：它必须能够妥善地保存遗体，尤其是伴随着遗体的陪葬品。在古埃及人看来，冥界的生活与尘世类似，死者生前所用的一切要一应俱全。所以每个法老的墓葬都聚集了巨大的财富，成为历代盗墓者垂涎的目标。古埃及法老的墓葬形式一再变迁，就是为了与盗墓者周旋、斗智。为了使法老的"灵魂"不被惊扰，也为了满足法老日益膨胀的权力炫耀欲望，金字塔的形式经历了由小到大，由砖到巨石的演变。

著名的"阶梯形金字塔"是法老昭赛尔的陵墓。它是最早的石砌金字塔，是后来著名的吉萨金字塔的雏形。"昭赛尔金字塔"是昭赛尔的大臣兼首席建筑师伊姆霍捷普的杰作。由于他杰出的建造，伊姆霍捷普被认为是埃及最有荣誉的贤人，他的事迹在埃及广为传诵，后来他甚至被神化为神扶普塔赫的儿子。希腊人崇拜他，把他与希腊的医疗之神相提并论。伊姆霍捷普像所有的古代文化巨人一样，精通多个行业，比如他还是天文学家和医生。

昭赛尔金字塔为后来吉萨的完美的金字塔树立了典范。在这以后相当一段时间，法老们把主要的精力和财力都耗费在金字塔的建造上。金字塔的造型越来越庞大，简洁，接近石头的性格。正是这种世世代代倾尽国力的努力，才使世人至今能够看到这些奇迹。

公元前27世纪至26世纪，古埃及人在吉萨建造了三座最大的金字塔。大金字塔是第四王朝第二个国王胡夫的陵墓。它建于公元前2690年左右，原高146.5米，因年久风化，顶端剥落10米，现高136.5米；底座每边长230多米，三角面斜度51度，塔底面积5.29万平方米；塔身由230万块石头砌成，每块石头平均重10吨。据说，它是10万人用了20年的时间才得以建成。该金字塔内部的通道对外开放，该通道设计精巧，计算精密，令人赞叹。

第二座金字塔是胡夫的儿子哈佛拉国王的陵墓。它建于公元前2650年，比前者低3米，但建筑形式更加完美壮观，塔前建有庙宇等附属建筑和著名的的狮身人面像。狮身人面像的面部参照哈佛拉，身体为狮子，高22米，长57米，仅雕像的一个耳朵就有2米高。整个雕像除狮爪外，全部由一块天然岩石雕成。由于石质疏松，且经历了四千多年的岁月，整个雕像风化严重。另外面部严重破损，有人说是马姆鲁克把它当作靶子练习射击所致，也有人说是18世纪拿破仑入侵埃及时炮击留下的痕迹。

第三座金字塔属于胡夫的孙子门卡乌拉国王，建于公元前2600年左右。当时正是第四王朝衰落时期，金字塔的建筑也开始衰落。门卡乌拉金字塔的高度突然降低到66米，内部结构纷乱。

在胡夫金字塔的南侧有一个著名的博物馆——太阳船博物馆。传说胡夫的儿子当年是用太阳船把胡夫的木乃伊运到金字塔来安葬的。然后就将船拆开埋于地下。该馆是在出土太阳船的原址上修建的。船体为纯木结构，用绳索捆绑而成。

这三座金字塔都是精确的正方锥体，其中以胡夫的金字塔规模最为宏大。胡夫金字塔的精确度非常高，据说它的边长和角度的误差不超过一个人的大姆指，巨石拼接紧密，甚至连一枚硬币都插不进去。这证明了建造金字塔时使用了高科技以及非凡的设计工艺。而这些绝非是仅仅使用奴隶和简单的手工就能完成

揭开“木乃伊”的神秘面纱

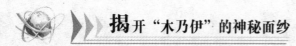

的。所以金字塔是怎么造出来的,是万古之谜。哈佛拉和门卡乌拉两座金字塔次第排列在一旁,它们的四面都正对着东西南北四个方位的基点,相互以对角线相接,形成蓝天黄沙间错落参差、气度恢宏的人造群峰。

在一望无际的沙海边,在高约30米的台地上,金字塔群庄重、简洁、肃穆、超世。金字塔的形象,给看见过他们的人留下了深刻的难以磨灭的印象。它们虽然是最单纯的几何形体,却表达了最崇高的主题。古埃及人赋予了这些曾经沉睡在沙海岸边的巨石以永恒的生命力。4000年后,拿破仑带着创建伟大帝国的梦想,率领军队踏上了埃及这片神秘的土地。这时的埃及已经是土耳其人的属地,古埃及的文明早已湮灭。但是已经半掩于沙中的吉萨的金字塔依然唤起了入侵者的激情。传说拿破仑当时面对着前来应战的穆斯林骑兵,手指苍老而永恒的金字塔向他的士兵们说:"4000年的历史在蔑视你们!"

随着古埃及文明的衰落,金字塔早已脱离它建造之初面对冥界的神秘意义,而成为人类古老文明的象征。但是在当时它给埃及人民带来的,却是无尽的灾难。早于拿破仑2000年,古希腊的旅行家和历史学家希罗多德曾经漫游埃及,据他记载,为完成胡夫金字塔的庞大工程,曾有10万人在尼罗河的涨水季节连续工作了20年。金字塔的数百万块巨石是在没有任何工程设备的时代,全凭人的体力建造起来的,它耗竭了埃及3个漫长朝代的资源,给埃及留下了一片荒凉,"就好像经历过一场战争的浩劫"。当然这只是一个说法。

在这以后,建造金字塔的传统发生了变化,后来的金字塔就逊色多了。伴随着建造金字塔热情的消退,法老们把"过剩"的精力投注到了神庙的修建与装饰上。就像他们曾经超尺度大地建造金字塔那样,古埃及的神庙是超尺度小的。它们低矮、压抑、昏暗,尤其是挤满了异常粗壮臃肿的巨柱。巨柱占满了神庙里的空间,让人透不过气来。巨柱与金字塔实际上出现于同一个时代,但它对西方建筑艺术的影响却更为巨大和深远,它后来不仅贯穿了古埃及的历史,也直接影响了希腊的建筑形式。

一直以来,金字塔都被看作是古埃及劳动人民智慧的结晶。2000年前"西方史学之父"希罗多德就曾这样记载:在建造金字塔时,胡夫强迫所有的埃及人为他做工，十万人为一群，每一群人劳动3个月。不计其数的古埃及奴隶就这样从阿拉伯山拉来巨石，借助畜力和滚木，把巨石运到建筑地点，然后将场地四周天然的沙土堆成斜面，把巨石沿着斜面拉上金字塔，堆一层坡，砌一层石，逐渐加高金字塔。就这样，用了整整20年的时间，堆砌出令后人瞠目的奇迹。

但是，近年来考古人员在金字塔埋葬者的随葬品中发现了大量用于测量、计算和加工石器的工具，这表明这些埋葬者就是金字塔的建造者。同时发现的还有一些原始的金属手术器械以及死者在骨折后得到医治的证据，这说明这些死者生前得到了很好的医疗待遇。这样的发现很自然地对先前认为金字塔的建造者是古埃及奴隶的说法提出了质疑。因为在古埃及，地位低下的奴隶不可能有医疗的机会，死后更不可能被安葬。另外，有人做出这样的测算，金字塔至少用了230万块每块重约10吨的石块砌成。在建造胡夫金字塔的时候，世上还没有任何的起重工具。如果说这些都是靠近万名砌石工人的人力完成的，那么即使工人们每天能将10块重达10吨的巨石推送上去，也须费时近700年。如此简单的数字，相信法老可以算出。他们又为何要建造这个自己生前无法享用的陵墓呢？

到底谁是金字塔奇迹的创造者？这样的奇迹又是如何创造的？有人说它是神秘的地外文明的杰作，有人坚持认为是古埃及奴隶的功劳，孰真孰假现在还下不了结论。金字塔成为人类文明天空的一片巨大的疑云，等着人们继续去探究。

一般都认为金字塔是王室的墓穴，但专家学者们的研究不断提出质疑。比如第四王朝的法老为什么要建造两个金字塔？他们是不是想同时拥有两个坟墓？还有为什么在狮身人面像中没有找到木乃伊或者墓志铭？一个国王兴师动众、耗费巨资，建造这样一座人类历史上最大的坟墓，然后让人费尽心机地揣摩他葬在何处，这是不是有些不合逻辑？所以说，金字塔肯定不仅仅是一座陵墓，它的设计中一定还有一些特别的意图。

国王墓室的入口，是金字塔中最神圣的地方，也是最高深莫测的神秘所在。

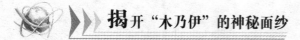

在国王墓室中，有倾斜狭窄的通道通向顶部，埃及学的学者一直认为它们是"通风道"。但新近的研究表明，这样的洞口绝对不是"通风口"。它的设计构造相当复杂，从内部一直通向金字塔之外。出口的建造也一定有着更多的用处和目的。在1993年发现了支持这样说法的证据，德国工程师鲁道夫·盖特布莱克使用微型机器人对王后墓室的南通道进行了检测。结果发现通道被一扇石门挡住了，并采用了金属加固，那里面究竟蕴藏着怎样的秘密呢？

在20世纪60年代，天文学家就注意到，这些通道非常精确地指向天上的星球。研究发现，其中一条通道指向小熊星座，另一个指向天龙座的阿尔法星，也就是金字塔时代的北极星。这些古代的专家甚至在千万年前，就能计算出天体的运动，这让考古学家惊讶。学者们普遍认为，有证据表明，古埃及人并没有掌握太多的天文学知识，对天象也没有太多的研究，但金字塔和天体的奇妙关系却表现着精深的天文知识。

国王墓室的通道指向猎户星座，而王后墓室的通道则指向天狼星，也就是伊希斯女神。可以看出，埃及人建造的通道精度极高，精确地指向他们所膜拜的神灵，从而创造了一条视觉通道，通向死而复生的欧西里斯和伊希斯神。

还有在吉萨的三座金字塔中有两座的尺寸和方向惊人地相似，而第三座很小。为什么第三座很小，并位于其他两座对角线的偏左方向呢？第三座是由法老王丘皮斯的儿子所建的，他与父王有着相同的财富和权力，但为什么他的坟墓明显比其他两座要小呢？这个问题曾困扰了人们好多年，但后来谜团终于解开了。看看夜空中的猎户星座那三颗小星星奇特的排列方式就会明白，顶端那颗最小的星星恰好位于另两颗星星对角线偏左的位置。所以埃及学的专家们提出，大金字塔不仅仅是法老陵墓，那很可能是举行宗教仪式之类活动的场所。

金字塔是古人留下的超越我们现在想象的历史遗址。仅从高深莫测的神秘感来说，金字塔和整个古埃及一样，是一个难于解开的神秘之谜。

金字塔的传说

古埃及在文明古国中，是历史最为悠久的一个。从公元前3150年完成统一立国，一直到公元前332年被古希腊征服，在长达三千年的历史中，古埃及人民创造了光辉灿烂的文化。其中最令人叹为观止的、成了古埃及象征的就是金字塔了，最大的金字塔（胡夫金字塔，也称做大金字塔）至今还是世界上最重的建筑物。有关这座宏伟建筑物的种种传说、神秘故事，还时见报端。概括起来，这类神话和鬼话可分成三类：一，据说大金字塔暗藏着种种神奇的数字，甚至暗藏着人类的全部历史和未来；二，据说金字塔有种种魔力；三，据说古埃及人没有能力建造大金字塔，大金字塔是外星人建的。

这类无稽之谈，可以一直追溯到中世纪。《圣经》曾提到耶稣在小时候由他爸约瑟带到埃及，中世纪虔诚的基督徒到埃及朝圣时，见到了金字塔，就把它们跟《圣经》故事联系起来，称之为"约瑟的粮仓"。但是稍有点历史常识的人，就会对这种称呼嗤之以鼻，因为在耶稣时代的两千年前，金字塔就已存在了。1859年，一位名叫John Taylor的英国人出版了一本书《大金字塔：为什么建它？谁建了它？》，对这个基督教传说做了点修正，把大金字塔当成了诺亚的粮仓，至少在时间上不那么荒唐。虽然Taylor本人从未到过埃及，没有亲身见过大金字塔，但他却在书本上对大金字塔做了许多研究，深信大金字塔暗藏着神的旨意。他首先发现了大金字塔在数学上有一些有趣的特征。比如，根据他得到的资料，大金字塔底座边长为9140英寸，其周长（9140×4）就是36560英寸，除以100得到365.6，很接近一年的天数。把这个周长除以塔高的两倍，得到的数字很接近圆周率。Taylor在做了诸如此类的计算之后，得出结论说：大金字塔是以英寸为单位建造的！他进一步推论说，25英寸等于1"金字塔腕尺（cubit）"，而1千万埃及腕尺大约等于地球两极的直径。总之，Taylor想要证明的是，大金字塔是一座地球模型，为人类记载了地球的各种数据；更重要的是，英制是上帝通过大金字塔赋予的神圣单位，胜过了"无神论的法国人"炮制出来的米制。

与Taylor同时的苏格兰天文学家 Charles Piazzi Smyth同样深信英制胜过米制，受Taylor的启发，不辞辛苦亲自跑到埃及对大金字塔做了一番测量，"发现"了一大堆新的神奇数字。其中最著名的、至今仍有人津津乐道的一个，是大金字塔高度乘以10亿，就刚好等于地球到太阳的距离。作为一名天文学家，Smyth不会

揭开"木乃伊"的神秘面纱

不知道，地球公转轨道并不是圆形的，而是椭圆形的，因此地球到太阳的距离并不是常数，但是他对这类常识视而不见。Smyth在大金字塔里里外外到处寻找、发现神奇的数字。他声称，原先镶嵌在大金字塔外面的框石（这些石头早已被拆除）的高度都刚好是一腕尺25英寸，证明埃及人的确以英寸为单位。以后他做了更"精确"的测量，发现框石的高度是25.025英寸，认为等于1.001英寸的"金字塔寸"才是神寸，英寸在长期使用中变短了一点。还有，象塔内国王墓室的石头数目、墓室内石柜的体积和形状、金字塔的角度等等，都让Smyth觉得暗藏着奥秘。到了这种程度，任何有理智的人也都不难明白其中的奥妙了：金字塔有许多数据可用，自然界也有许多数据可用，再随意地加上各种各样的倍数，你一定能发现它们之间的对应关系。不信的话，你把你家房子的长、宽、高、对角线、地板砖数目等等都量一量、数一数，然后再拿一本物理常数手册研究，一定也能发现你家充满了神奇的数字。如果你懒得自己做试验，不妨看看Martin Gardener在《冒充科学的把戏和谬论》一书中举的例子：

"只当玩笑，如果有人在《世界年鉴》中查找华盛顿纪念碑的数据，他将发现许多5。它的高度是555英尺5英寸。它的底座是55平方英尺，乘以60（即一年中月数的5倍），得到3300，而这是顶石重量的磅数。而且，Washington一词恰好有10个字母（5的2倍）。如果将顶石的重量乘以底座，得到181500，非常接近以每秒英里为单位的光速。"

如此简单的道理，许多人却看不出来。Smyth在1864年出版的《大金字塔中我们的遗产》一书，被翻译成了多种文字，到现在还很流行。他发现的"神奇数字"仍被广泛引用。许多人热衷于研究这门"金字塔神秘学"（Pyramidology）。美国就有一个"美国金字塔神秘学研究院"，据称有300多名成员。在Smyth的追随者中，包括许多原教旨的基督徒，比如，"耶和华见证人"的创建者就是一位"金字塔神秘学"专家。他们的进一步研究发现，世界的未来也包含在金字塔数目之中。根据这些研究，不同的研究者发布了对世界末日的不同预测：1874年、1914年、1920年、1925年……，在预言未兑现时他们就"修改"算法将日期往后退。Smyth本人算出世界末日不会晚于1960年，反正是他不会活着看到的，不会再为预言不准而尴尬。所有这些修正的预言，当然也全都没能实现。

在Smyth最狂热的信仰者中，有一位是化学工程师。他想要将Smyth的理论发扬光大，让各种数据再精确一些。他已上了年纪，没法自己到埃及去，便派了儿子去重新测量大金字塔。这位年轻人，William Matthew Flinders Petrie，在经过细心的测量后，却推翻了Smyth的各种数据，成了"金字塔神秘学"的强烈反对者。但他也迷上了金字塔，后来成为当时最著名的埃及学专家，并被认为是科学考古学之父。

Petrie发现，Smyth不仅是胡乱将金字塔数据和天文数据相联系，而且有一些数据是编造的。大金字塔框石的高度并不都是25英寸，而是有各种各样的尺寸。其底座的边长也不是刚好9140英寸，而是在9120和9130英寸之间。底座周长除以塔高的两倍，刚好等于圆周率，这的确是个有趣的现象，因为古埃及人似乎并不知道圆周率的准确数字。但是对这个现象也并不是没有合理的解释的。根据古希腊历史学家希罗多德的记载，古埃及人在设计金字塔时，让每面的面积等于塔高的平方。要做到这点并不难，只要掌握了勾股定律就可以，而远在建金字塔之前，巴比伦人就已掌握了勾股定律。我们只需做一番几何计算，就会发现，按照这样的设计，底座周长除以塔高的两倍等于3.145，也很接近圆周率。

Petrie在十九世纪末出版的《考古学七十年》一书中评论那些"金字塔神秘学"追随者说：

"告诉事实真相是没用的，因为对那些产生这类幻觉的人来说毫无效果。只能让他们跟信仰地球是平的人和认为理论比事实更可爱的其他类似的人呆在一起。"

因此，对他来说，一百多年后仍然有许多人对这类幻觉深信不疑，也就没什么奇怪的了。

"金字塔神秘学"的鼻祖Smyth好歹还有点搞研究的劲头，亲自跑去实地测量。以后的金字塔神秘学追随者，却只会睁着眼瞎掰了。既然几乎所有能测的数

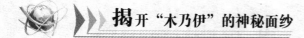

据都让Smyth测完了，就需要另找捷径把这门"学问"发扬光大。

　　古埃及的另一引人注目之处，是制作木乃伊。尽管在金字塔内从未发现法老的木乃伊，保存得最好的木乃伊都是在别的坟墓发现的；尽管古埃及的文献资料详细地介绍过木乃伊的制作过程，而其中与金字塔毫无关联，但是还是会有无知之徒将金字塔和木乃伊的制作联系起来。在二十世纪初，一位法国人声称，他将猫的尸体放在一座金字塔模型底下，发现猫变成了木乃伊！看来光是"金字塔"的形状，而不是金字塔本身就有魔力在里头。这样的魔力看来应该是无所不能的。果然，在50年代又有了新"发现"，一位捷克人将一把剃刀放在纸板做的金字塔模型底下，发现它保持锋利的时间超过了别的剃刀。以后，又有人声称将食物放在金字塔模型下不会腐烂，还有人声称在金字塔模型下冥想（相当于中国人练气功）更有效果。金字塔模型成了新时代宗教的一个特征，你可以在市场上买到有着各种各样用途的金字塔模型：穿的、戴的、住的，都有。我们在前面提到的《冒充科学的把戏和谬论》一书的作者Martin Gardener曾经在《科学美国人》杂志上发表过一篇文章讽刺这种现象，设想了金字塔的种种可能的神奇之处。他没料到的是，他这些明显属于讥讽的设想，却被一些读者当成了实有其事到处传播，成了关于金字塔的神话和鬼话的一部分。

　　所有这类无稽之谈，只有迷信的人才会接受，是用不着认真对待的。专门戳穿这类无稽之谈的美国的《怀疑探索者》（Skeptical Inquirer）杂志倒是报道过一个实验，发现在金字塔模型下保存的葡萄酒，其新鲜程度与别的葡萄酒并无差别。古埃及人建造金字塔，并不是因为发现这种金字形有什么魔力。他们还不知道拱形结构，那么，金字形就是最稳定的结构。同样不知道拱形结构的南美州人，在一千多年前也建造了类似的金字塔。

　　到了七十年代，"金字塔神秘学"又有了新发展。臭名昭著的瑞士人冯·丹尼肯出版了《众神之车》一书，捏造了各种各样的"证据"证明外星人早就到过地球，上帝就是外星人。其中的一大证据，就是古埃及人根本没有能力建造大金字塔，它是外星人建造的。国内有一位在《中国青年报》《南方周末》等报刊上鼓吹"外星人到过地球"的"著名记者"李方就给我们算过一笔账："这种怀疑也许会动摇埃及人的民族自豪感，但对于堆积230万块巨石的惊人工程，学者们指出，以当时的技术水平，埃及必须有5000万人口才能勉强承担，而那时全世界才不过2000万人。一定有些什么人，在古埃及人之前建造了金字塔。他们试图通过金字塔向后世传达某种信息，还有他们的骄傲。那么，他们是谁？"

古埃及人并不仅仅造了一座大金字塔，而是在不同的历史时期造了大大小小的一百余座。将这些金字塔做个比较，就不难发现古埃及人建造金字塔的演化、改进过程。第一座金字塔建于古埃及第三朝代国王Djoser（公元前2668~2649年在位）时期，其设计师是古埃及的圣人Imhotep。作为一项全新的工程，这座金字塔经过了多次改建才定型。最初的设计是像以前的国王一样建一座长方形石椁，经过了六次改建，演变成了一座前所未有的宏伟建筑物：六级的阶梯式金字塔，高60米，底座140×118米。Djoser之后的国王继承了建阶梯式金字塔的传统，但是规模要小得多，也许是不再具有Djoser时期的人力、物力。在第三朝代和第四朝代（公元前2613年）之交，有人尝试改变金字塔的设计。开始是要建一座阶梯式金字塔，建造期间改了几次，想要建成真正的金字塔。这座原高93.5米的金字塔坍塌了（可能就是在改建时坍塌的），现在只剩下了一堆废墟。下一座金字塔（高达105米）属于第四朝代的第一个国王Snorfru。它既不是阶梯式金字塔，也不是真正的金字塔，而是处于二者之间的过渡型：下半部的坡度为54度，但是上半部的坡度减少为43度，因此它的斜边是弯曲的，被称为"弯曲式金字塔"。这是唯一的一座"弯曲式金字塔"。很可能是因为前一座金字塔坍塌了，所以才采取了这种保守的过渡型设计。接下来的一座金字塔也属于Snorfru，而且是一座斜边不弯曲的真正的金字塔（高104米），只不过它的坡度仍较保守，只有43度。再下一座金字塔就是Snorfru的儿子胡夫（公元前2589~2566年在位）所建的大金字塔了，原高146米，坡度52度。由此可见，古埃及人是花了一百多年的时间，通过一步步的摸索、改进，才建造了这座古埃及的象征的。

大金字塔毫无疑问是为胡夫建的。在塔内的国王墓室的屋顶，就写着胡夫

揭开"木乃伊"的神秘面纱

181

的名字。塔内石头有当时的建筑工人刻上的各种记号，其中有一块写着："工匠组。胡夫国王是多么伟大"。有许多证据表明古埃及人大概是用什么技术建造大金字塔的。他们用铜凿和木楔在附近的尼罗河岸开采石头（至今还可以找到开采了一半的石头以及有工具出土），用木头做的滑橇和绳子装运石头（这是古埃及时期普遍采用的技术。第12王朝时期的一幅墓画画着这样的劳动情景：172个人用滑橇拉一块估计重达60吨的石块，有一个人在旁边喊号指挥，还有其他人往地上倒水或油减少摩擦）。怎么把石头一层一层往上垒呢？古埃及学者认为，这可能有两种办法：一种是先修建斜坡（至今还可看到这类建筑斜坡的遗迹），一种是用杠杆。

大金字塔用了230万块石头，每块石头约重2.5吨，全重575万吨，是迄今世界上最重的建筑物，在十九世纪之前，也一直是世界上最高的建筑物。需要多少人工才能建成这座庞然大物呢？金字塔神秘学的鼓吹者说要5000万人，那是信口开河。古希腊历史学家希罗多德记载说，他被告知用了10万人工三班倒。现代埃及学学者认为用不了那么多人。建造胡夫金字塔用了20年，也就是说，一天只需搬运315块巨石。如果工人一天工作12小时，也就是一小时只需搬运26块。考古学家已通过实地操作证明，只要八个人就可以搬运一块巨石，那么一小时只要有两百多个人工就可以完成最困难的搬运工作。考古学家Mark Lehner博士曾经领导过一个著名的试验：采用古埃及的技术，12个人仅用三周时间就用同样大小的巨石建起了一座五米多高的小型金字塔。对建大金字塔究竟用了多少人工，各位学者的估计有所出入，但都在两万到四万人之间。

在这里顺便澄清一个很常见的误解。好莱坞那些描写古埃及的历史片，经常出现这样的镜头：工头挥舞皮鞭驱赶奴隶拉运石头建造金字塔；以致人们有这样的印象，金字塔是奴隶们在残酷的压迫下建造的（我以前也有这样的误解）。其实古埃及并不是一个奴隶社会（只有别民族的少数战俘当奴隶）。与古代的许多国家相比，甚至与现在的某些国家相比，古埃及都是一个比较温和善良的国家。建造金字塔的是自由人，很可能是农闲时期的农民。他们做工是要领工资的。现存的记录显示，古埃及政府主要用面包和洋葱支付这些工人的报酬，而且还有证据表明，工人们为了争取更高的工资而罢工（大约是世界上最早的罢工）。考古学家在金字塔附近挖掘出了为工人提供食物的面包房和工人的营地以及墓地。墓地出土了600多位古埃及人的骷髅，X光的研究表明，这些人的年龄在30到35岁，其中有些人受过工伤，比如有12个人的手骨头有损伤，是那种长期用手支撑木头留下的痕迹。还有一位的脚被石头砸烂，接受了截肢手术，又活了14年。

金字塔是古埃及人制造的，它不仅代表着古埃及的伟大成就，也是全人类的伟大成就。毫无根据地怀疑古埃及人的能力，将金字塔的建造归功于神或外星人，不仅是对古埃及人的污辱，也是对人类的污辱。

金字塔与尼罗河畔的古埃及文明

金字塔星罗棋布的古埃及，是世界四大文明古国之一。尼罗河纵贯埃及全境，所以古埃及文明，又称尼罗河文明。埃及文明覆盖的广袤地域，一般是指尼罗河第一瀑布，至下游三角洲地区；其起止的时间断限为公元前5000年的塔萨文化到公元641年被阿拉伯人征服之前。

专家们实际探讨古埃及文明的时间范围，是公元前4245年埃及南、北王国的首次联合，到公元前332年马其顿王国亚历山大占领埃及，托勒密王朝覆灭，亦即通常所说的历时三千多年的法老王朝。

学术界一般将古埃及历史，划分为几个时期，即前王国、早王国、古王国、中王国、新王国、后王国等。公元前3100年左右，上埃及国王美尼斯征服下埃及，实现了古埃及的统一。之后又通过多次扩充，领土范围空前扩大，经济和文化进入鼎盛。

古埃及金字塔

埃及金字塔可谓举世闻名，是法老（古埃及的国王）的陵墓，是古埃及人的崇拜之物。古埃及人保存的木乃伊，可谓举世罕见的奇迹。关于太阳神的无数神话，可谓源远流长的精华。在青、白尼罗河之河畔，在红海与地中海之岸边，古埃及的文明，将世世代代亘古流传。

古埃及的文明，集中表现为墓穴文明。埃及金字塔是埃及古代奴隶社会的

揭开"木乃伊"的神秘面纱

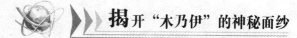

方锥形帝王陵墓，世界七大奇迹之一。数量众多，分布广泛。开罗西南尼罗河西古城孟菲斯一带最为集中。吉萨南郊8公里处利比亚沙漠中的3座尤为著名，称吉萨金字塔。其中第四王朝法老胡夫的陵墓最大，建于公元前二十七世纪，高146.5米相当于40层高的摩天大厦，底边各长230米，由230万块重约2.5吨的大石块叠成，占地53900平方米。塔内有走廊、阶梯、厅室及各种贵重装饰品。全部工程历时30余年。塔东南有巨大的狮身人面像。

古埃及木乃伊

木乃伊是经过特殊处理而完好保存下来的尸体。前后三千多年内，古埃及人将尸体制成木乃伊的方法有不少改变。不过多数学者专家认为，防腐方法在公元前十世纪左右发展至巅峰，当时一位第一流的防腐师大致依下述步骤制成木乃伊：首先用燧石刀在尸体腹部左侧开个十厘米长的切口，从切口把心脏（防腐师和他的主顾都认为心脏是感情的根源）以外所有其他内脏掏出来，逐一用酒和含有药、桂皮的香料加以清洗。防腐师还用香柏油冲洗尸体腹腔，把余下的柔软组织分解，接着准备取脑，他用一种带钩的工具从死者鼻孔穿入头颅，钩出里面的脑髓，然后灌入香柏油和香料，冲出脑壳中的残余组织。

古埃及文字

埃及文字由表意符号、表音符号和限定符号三部分构成。古代埃及文字的形体演变可分为四个阶段：（1）象形文字：人们所知道的最早构成体系的古埃及文字材料，是象形文字，这种文字体系产生于公元前3000年。（2）祭祀体文字：为实用和方便起见，书吏又将象形文字的符号外形加以简化，创造了祭祀体文字。（3）世俗体文字：它是祭祀体文字的草写形式。与祭祀体文字对比，世俗体文字的连写形式更简单，已不具有图画特点，它的书写方向保留了祭祀体文字的传统，固定从右往左。（4）科普特文字：它是古埃及文字发展到最后一个阶段的文字，深受希腊文、圣经文学的影响。

古埃及的宗教

宗教是古埃及文化最重要的组成部分，贯穿了整个古埃及历史。古埃及最重要的宗教中心有四个：赫利奥波利斯、孟菲斯、赫尔摩波利斯和底比斯。

（1）神与人的关系：古埃及人和神之间的关系，可以概括为：诸神告诫人们该做什么，不该做什么；世上出现罪恶，是因为人们违背了神的意愿；造孽的人终将遭报应，行善的人必会获得奖赏。古埃及人认为，神的引导是经由舌和心实现的。因为，心是作出决定、制定计划器官，舌则将决定和计划公诸于众。这两个器官对人的行为起决定性的作用。神氏是这两个器官的向导，因而是人生的舵手。

（2）创世说：古埃及人相信，世界有始无终，世界原是一片混沌，经创世神的创造和整顿，世界才开始存在。古埃及人坚信，万事万物都循环往复，世界永恒不变。古埃及人的时间观，自然偏重未来，因为无尽的世界正等着他们去享受。

（3）来世说：古埃及人的观念，人生在世，主要依靠两大要素：一是看得见的人体，二是看不见的灵魂。灵魂"巴"形状是长着人头、人手的鸟。人死后，"巴"可以自由飞离尸体。但尸体仍是"巴"依存的基础。为此，要为亡者举行一系列名目繁多的复杂仪式，使他的各个器官重新发挥作用，使木乃伊能够复活，继续在来世生活。亡者在来世生活，需要有坚固的居住地。古王国时的金字塔和中王国、新王国时期在山坡挖掘的墓室，都是亡灵永久生活的住地。古埃及人认为，现世是短暂的，来世才是永恒的。

金字塔——法老墓地的能量之谜

对金字塔能量之谜的研究

人总是要死的，但是，为什么要花费这样多的劳力，消耗这样多的钱财，为自己建造一个尸体贮存所呢？除了国王们的奢侈外，有没有其他的原因呢？

有，科学家们研究表明，金字塔的形状，使它贮存着一种奇异的"能"，能使尸体迅速脱水，加速"木乃伊化"，等待有朝一日的复活。

假如把一枚锈迹斑斑的金属币放进金字塔，不久，就会变得金光灿灿；假如把一杯鲜奶放进金字塔，24小时后取出，仍然鲜美清新；如果你头痛、牙痛，到金字塔去吧，一小时后，就会消肿止痛，如释重负；如果你神经衰弱，疲惫不堪，到金字塔里去吧，几分钟或几小时后，你就会精神焕发，气力倍增。

揭开"木乃伊"的神秘面纱

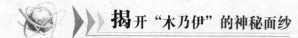

在全世界研究金字塔的浪潮中，真是一谜未解，一谜又起。说法越来越多，也愈来愈离奇，被它吸引的人也日益增加。几十年前，忽然又冒出一项所谓"新发现"，在西方接连出版了几十本洋洋洒洒的专著，上百篇的论文，成千上万人在试验、探讨，它的势头正方兴未艾。这项"新发现"就是蜚声欧美各国的"金字塔能"。它说的是金字塔形的构造物，其内部产生着一种无形的、特殊的能量，故称之为"金字塔能"。据说，这种能量有着许多用途和奇特的功效。

环绕着大金字塔的神秘和谜是数之不尽的，但近年来，较热门的金字塔的神秘性话题，则是金字塔神力。

有关金字塔神力的发现，可溯及至上世纪初。热衷于超自然科学的法国人安东尼·博维于1930年前往埃及，在参观了吉萨金字塔群落后，他提出大金塔的形状非同一般，由此又为金字塔神秘论增添了新的内容。

博维热衷于"感觉辐射"的造型研究。这项技术的基本概念就是说物体会辐射某种能量，这种能量目前尚不能为现代物理学所解释。当博维在金字塔参观时，进入"国王墓室"的他，不经意地往当成垃圾箱的罐子一看，发现里面竟放着猫和老鼠的尸体。当时他想这些动物大概是在金字塔内迷路，无法走出而死亡，而被丢在坡圾罐中的吧！可是，他随即又注意到有些奇怪的事，因为尽管墓室中非常潮湿，但尸体却未腐烂，这么说来，这些动物不就和木乃伊一样干透了吗？且墓室中岂不是具有能够使物质脱水之力吗？

博维心想这种现象应该是和大金字塔的几何学图形有关，于是在返国后就立即用硬纸板做了一个底边0.9公尺的大金字塔的模型。并将其4个方位配合上东西南北的方向，再将猫的尸体放在与墓室相同，距底部1／3高度之处。结果他发现过了数日，猫的尸体竟然变成了木乃伊。

接着，他又用肉片及蛋等加以实验，结果确认不论放入什么全都不会腐烂。于是他就发表了有关他对金字塔神力的研究结果。

原捷克斯洛伐克的一名无线电技师，放射学专家卡尔，德鲍尔得知博维在小型金字塔中做的实验后，于1940年开始亲自用木乃伊风干的方式对食品花朵和动物尸体进行试验。德鲍尔用三毫米厚的马粪纸，按胡夫金字塔的比例，做了几个30厘米高的模型，进行第一次实验。结果他惊讶地发现，放在模型内的牛肉、羊肉、鸡蛋、花朵、死青蛙、壁虎等果然变迁而不腐。实验获得初步成功后，他就与博维通信，两人保持着经常的联系。

德鲍尔不断地试验，探讨模型内究竟存在什么能量。有一次，他将一把刮胡子刀片放在模型内，满以为它将变钝，但结果却相反，刀片变得更锋利，他用这把刀片刮了50次胡子。

这样，他就开始研究金字塔模型对刀片的影响。他做了一个15厘米高的模型，把刀片平放在塔内距塔底三分之一高的地方，刀片的两端对准南北方向，模型本身也按南北放置。几次试验，结果雷同。一种极其简单而又神奇的磨刀片器——马粪纸的胡夫金字塔模型就这样发明了。1949年，德鲍尔正式向捷克首都布拉格有关部门申请注册"法老磨刀片器"的发明权。在捷克，一般专利发明权至多3年即可批准。但这项编号为91304的发明经过了整整10年的周折，直到1959年才批下。其间，德鲍尔竭力说服专利委员会，并向委员会主席提供了一个模型。该主席亲自进行试验，最后表示这项发明确有实效，它并不是什么欺骗或魔术。与此同时，德鲍尔还探索模型磨刀片的原理。德鲍尔在一家无线电研究所工作，他可以了解当时世界上最新的科技情报，并充分利用所里的设备与仪器。他把实验扩大到收音机、雷达、宇宙线和其他射线中，研究用马粪纸这样的绝缘体制成的金字塔模型，其内部的空间产生着什么样的震荡，这种震荡又和地球磁场与刀刃之间有什么关系。

最后，他得出一种假设，或称为一个定理：来自太阳的宇宙微波，通过聚集于塔内的地球磁场，活跃了模型内的震荡波，使刀片"脱水"变锋利。这种特性不局限于胡夫金字塔模型，其他形状和大小的金字塔模型也能对刀片产生同样的作用。他在申请专利权的报告中说，这种磨刀片器与胡夫法老本人毫无关系。金字塔状结构物内部的空间产生着一种自动的更新运动。金字塔空间产生的能量仅仅来自宇宙和地球的引力、电场、磁场和电磁场，它通过太阳发射的混合光线中看不见的射线起作用。在塔内空间激起的这股力量，能减轻由于多次刮胡子而引起刀口内部结构出现的毛病和变钝现象，但是，这股力量的影

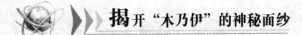

响仅仅局限于刀口变钝，而不是刀口所受到的外形损伤。因此，这种刀片必须是用上等的钢材制造的。一把刀片通常只能使用25~30次，但如果每次用毕后放在金字塔模型内24小时，那么，每次刮胡子后的钝化现象即可消除，刀片的使用寿命将会延长。

德鲍尔还说，金字塔内部的空间形状与空间内所进行的自然、化学、生物进程有关。如果我们使用某种几何图形作外形，那么这种外形就会加速或延缓它内部空间里的自然进程。这项发明虽然采用金字塔形，但其他形状的结构空间也可产生这种作用。此外，也可用其他绝缘体来制造这种结构物。为什么一定要用绝缘体呢？他解释说，微波可以穿透绝缘体，活跃模型内的震荡波，而导体则不行。

据说，德鲍尔所发明的"法老磨刀片器"在捷克商店里广泛地出售，人们习以为常地用它来磨刀片。这种磨刀片器在西欧、苏联、美国、加拿大、澳大利亚等国也很流行。德鲍尔声称，他收到几千封买主的来信，没有一个抱怨这种磨刀片器不灵的。

1970年，德鲍尔与他人合著的《在铁幕背后的惊人发现》一书问世。书中汇集了他多年来研究"金字塔能"的全部论文。该书很快地被译成多种文字，开创了研究"金字塔能"的先河，在西方掀起了一股试验"金字塔能"的热潮。各种专业的学者和金字塔迷纷纷用马粪纸、塑料、木板、玻璃制作金字塔模型，对它的特性进行了广泛的研究。有一些国家建立了"金字塔产品公司"，专门出售大大小小的金字塔模型，供试验用。有关"金字塔能"的论文和著作大量地发表、出版。

1973年，在美国的华盛顿成立了专门收集各国研究"金字塔能"成果的征集机构。在研究"金字塔能"的书籍中，比较出名的有《大金字塔的秘密》《金字塔能》《神秘的金字塔能》《金字塔的心理动力》等。这些书大多介绍用金字塔及其他形状的模型进行的各种实验和各方面的"科研成果"。

一些科学家说，实验的结果表明，把肉食、蔬菜、水果、牛奶等放在金字塔模型内，可保持长期新鲜不腐。现在法国、意大利等国的一些乳制品公司已把这项实验成果运用于生产实践之中，采用金字塔形的塑料袋盛鲜牛奶。据说，比起其他的包装形式，金字塔形内的鲜牛奶存放时间最长。

把种子放在金字塔模型内，可加快出芽。断根的农作物栽在模型内的土壤里，可促其继续生长。金字塔形温室里的作物，生长快，产量高。有人建议，为提高葡萄的产量，增加它的含糖量，葡萄棚应搭成正方形，并使葡萄茎正对南北方向，以吸收更多的地磁。

把自来水放在金字塔模型内，24小时后取出，称之为"金字塔水"。这种水在塔里所获得的能源被"禁锢"在水分子之中，它有着许多神奇的功效，可放入冰箱或其他潮湿的地方，长期贮藏，以备不时之需。用"金字塔水"泡茶、煮咖啡、冲牛奶、制作清凉饮料，味更醇；用它烧菜、熬汤，比用普通水味道更鲜美；每天喝杯"金字塔水"能健胃，助消化，医治神经紊乱；用它洗脸，可使皮肤娇嫩；它能消淤止痛，减轻关节炎患者的痛楚，甚至治好关节炎；它对医治粉刺、黑痣、鸡眼、痛疽、疣肿等皮肤病也有一定的疗效；用"金字塔水"浇灌农作物，可促进作物的茁壮生长，提高产量；用它浇果树、蔬菜和花木，水果和蔬菜的滋味更佳，鲜花尤为缤纷馥郁；摘下的鲜花如插在盛"金字塔水"的花瓶里，可推迟凋谢，延长观赏的时间。

但是，最奇妙、最引人入胜的莫过于对人体的试验了。金字塔模型成了治疗许多疾病的医疗器械和无形的灵丹妙药。假若你想在工作时消除久坐的疲劳，保持旺盛的精力，你可以在你办公室的座椅下面放一个小金字塔模型；如果你晚上失眠或睡觉不踏实，就请你在床下放置一个模型；要是你的孩子夜里哭闹，扰得全家不宁，你把他放入金字塔模型内，他会立即安然入睡；假如你患有头痛、牙痛等病痛，或者高血压、疲劳和其他不适，你最好进入金字塔模型稍坐片刻，或者睡上一觉。它能止痛、降压、恢复人体的青春活力、延年益寿，等等。

金字塔形是一种简单的几何图形，其模型的制作和试验都很简便。据介绍，可采取底边长12厘米，棱长11.4厘米，高8厘米或底边9厘米，棱长8.55厘米，高6厘米两种比例。模型的大小可根据被试验物情况，从8厘米至2.3米高。试验时一定要对准南北方向，不要把模型靠近墙壁、金属物和电器旁。

揭开"木乃伊"的神秘面纱

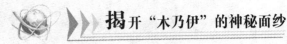

寻求谜底

所谓的"金字塔能"究竟有没有？它是怎样产生？又是如何引出上述种种神奇的效果？为什么它正好聚集于胡夫殡室的位置上，即塔高三分之一的地方？这是巧合，还是古人已掌握了这种能源？各国的金字塔信徒们正千方百计地寻求它的谜底。他们大多认为，"金字塔能"是当代科学还不能解释的"客观存在着的一种自然现象"。在这个前提下，有的人认为金字塔形状等于一个大镜头或电容器，里面积聚着无名的能源；有的人说金字塔形状能在其内部聚集宇宙射线、磁性震荡和某些未知的射线；有的人设想这种能源是由于某种宇宙的力量和地球引力相结合的产物；有的人推测金字塔形内部产生一种高频震荡，影响着人体的细胞和肌肉，使之处于最佳状态；有的人解释说，不仅是金字塔形状，各种形状和大小的构造物都会在其内部产生一种力场，一种能源。这种特殊的力场或与自然力场相互抵消，或增强或减弱自然力场。几年前，法国工程师杜拜尔在其《形状波》一书中强调指出，各种形状，如圆锥形、球形、正方形、金字塔形，都能通过宇宙射线或阳光改变其内部的宇宙波。金字塔形并不是会在其内部空间产生特殊能场的唯一形状。杜拜尔还说，人的一生都是在各种形状的建筑物中度过的，从一种形状到另一种形状，譬如汽车、影剧院、住房等。他主张应研究建筑物形状对人体的影响，在设计建造房屋时选择对人们健康最有益的几何图形。杜拜尔认为球形和金字塔形的建筑物最有益于身心健康，这两种形状的病房能加速病情的好转。也有人认为圆柱状结构好处多。一些研究者认为，目前人类一生中大部分的时间是在正方形和长方形的建筑物中度过的，而这两种形状不能产生积极和特殊的能源，相反，它们可能产生某种消极的力场，阻隔和破坏周围有利于人类的自然力场。他们呼吁建筑师们认真考虑，在设计住房、办公室、病房等建筑时，改变因循守旧的传统的正方形和长方形形式，使人类得以在更符合身体健康、令人充满活力的建筑形状中工作和生活。

失传的知识

"3000多年来，神秘的金字塔能量使法老、国王、学者和科学家们迷惑不解。即使我们目前尚无法找到这种能量的真正来源……这种神奇的能量仍具有非凡的意义，用户将大受裨益。金字塔将改变人们的生活方式，为人们的健康和能力带来福音，使您更加幸运。"

类似这样的一些广告宣传出现后，引起众多家庭对金字塔模拟试验的兴趣，他们纷纷制作了保存苹果、酒类和保险刀片等功用的金字塔商品设备。拥有金字塔设备的人进行了各种实验，他们在模拟的金字塔中睡觉，在里面种植各种植物。这些实验活动为普及科学知识起了推动作用。任何人都能买一个金字塔模型，而且针对某一个科学奥秘进行一种实验。金字塔能量之谜开拓了一个新的领域，传统的科学还未曾涉及过。

大部分金字塔能量的探讨都有这样那样的错误，因为它们缺乏必要的实验控制设备。大多数在家进行实验的人也不具备进行严格实验的种种经验。当实验出现好的结果时，他们就认为金字塔模拟实验成功了；反之，他们就会为这种能量冠以各种难以捉摸的特性。比如在食品保存的实验中，实验人品尝意识的不同往往会起决定性的作用。

大多数研究金字塔能量的专家都赞同博维和德鲍尔坚持的原则，即小金字塔模型必须放置在模型的中心位置，而且高度必须保持在从底部到顶端的三分之一处，这正是大金字塔中国王墓室的高度。金字塔模型必须面向北磁极，而且还需准备一个指北针，经常调整模型与磁场间的偏差。

金字塔能量不同于磁能，但据推想它可能是与地球磁场有关的一种地球的能量。英国一个史前遗址也具有这种至今还没能解释清楚的能量概念。有人认为古代遗址的长期定向作用会使其自身内部形成一种能量中心和导向的网络，他们认为这也许是金字塔能量的起因。

金字塔的倡导者认为，古代埃及人懂得如何用金字塔这种形状产生一种奇异的能量，如今这一知识已经失传。但是奇怪的是，他们要求必须把实验用的金字塔对向北磁极，而古代埃及人修建的大金字塔也朝向正北。显而易见，我们还没有发现这些古迹的全部秘密。

未能解开的谜

1963年，俄克拉荷马大学的生物学家们断定：已经死了好几千年的埃及公主

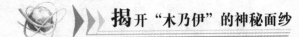

梅纳,她栩栩如生的躯体上的皮肤细胞,仍具有生命力。

最使人毛骨悚然的是埃及考古学家马苏博士宣称,当他经过4个月发掘,在帝王谷下27英尺的地方打开一座古墓石门的时候,一只大灰猫,披着满身尘土,拱着背,嘶嘶叫着,凶猛地向人扑来,几个小时以后,猫在实验室里去世了,然而,它忠实地守卫着主人,守了整整4000年。

有的科学家认为:金字塔的结构是一个较好的微波谐振腔体,微波能量的加热效应可以杀菌,并且使尸体脱水,而在这个腔体中,可以充分发挥微波的作用,可是,4000年前的法老,怎么知道利用微波呢?

有的科学家认为:任何建筑物都可以根据它们的外部形状而吸收不同的宇宙波,金字塔内的花岗岩石具有蓄电池的作用,它吸收各种宇宙波并加以储存,而金字塔内所产生的那种超自然力量的能,正是宇宙波作用的结果,但是4000年前的法老,怎么能认识宇宙波,并且发现宇宙波与石质的关系呢?

这仍然是一个谜。

金字塔时代的来临

当今,金字塔的时代仿佛来临了。世界各地的艺术家、建筑师和新时代的金字塔迷们,正寻求赋与古老金字塔全新的风貌。

华裔建筑师贝聿铭在法国卢浮宫内庭建造了一座20米高、金字塔形的玻璃帷幕建筑。美国的密西根州,有个地方叫"大急流",那儿有幢3层楼高、金字塔形的某钢架公司办公大楼。在德国下萨克森州的一座小村落,有一所"针刺按摩"的学校,上课的地方是一间用木材、泥土、石板瓦和稻草搭盖,17×17平方米大小的金字塔。据学生们描述,他们能在数个钟头后还保持注意力,并且也能在一天之中感觉到拥有新鲜的活力。

不仅如此,连居家的屋主,也感受到家用金字塔模型带来的神清气爽和储藏物品的功效。美国电影女明星葛萝莉亚·史旺生曾说过:"多亏床下那座小金字塔,它振动了我全身细胞,使我感到无比地舒畅。"汉堡市的摩芬比克餐厅老板亚力斯·多纳特说："我们的金字塔是由透明玻璃及锌铜合金建筑而成，放在塔下的葡萄酒，仅需6个月就可以成熟，若在一般情况下，则需要两年才成熟。"

在德国汉堡，有位居民叫拉夫·彼得，在他老旧的寓所里，充塞着各式尺寸如塔尖的结构物。所有的结构物，都是由小型的几何状金属线焊铸而成，座垫床周围，围绕着正方形的纤管，从4个角落，4条纤管各自向上延伸，在参禅入定者上方交集。

这位工作不忘戴塔帽，曾是电脑专家的31岁汉堡市民，十分笃信自家金字塔式陈设的功能。"它们能散发出极度的松弛，使思绪达到宁静，且释放出头脑和脏腑的毒素，赐与人们能量。"

一座几十厘米高、由金属线管焊铸而成的塔形结构物，有可能产生神奇的力量吗？这是科学的秘密，或是一种幻觉？彼得对不信其道的询问者只是付诸一笑，他解释："金字塔内部形成了一些磁场，它们振荡人体的内分泌腺，内分泌腺因受到刺激，进而产生最大分泌功效，经由它们制造的激素，赋与控制人体的功能。"

法老死后最好的守门者——狮身人面像

"什么动物早晨四条腿走路，中午用两条腿走路，晚上则用三条腿走路？" 这是希腊神话中狮身人面兽思芬克司留给人们的难题。她对经过的旅人不断地问这样一个相同的问题。如果被问的人答不出来，她就会把旅人吃掉。有一天，埃帕迪斯经过，狮身人面兽照例用这个谜语考他。但埃迪帕斯的回答很快说出了答案，是"人"。因为人在婴儿时手脚并用爬行，长大后就用两条腿走路，等到老年时就得借助于拐杖。埃帕迪斯的智慧让狮身人面兽很沮丧，她听完

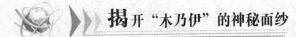

这个答案就自杀了。

可是在古埃及神话里，狮身人面像的寓意却截然不同。在古埃及，狮子是人间的守护者，也是地下世界的守护者。法老死后要成为天神，必须免遭外界的打扰，因此，狮身人面像便成为最好的守门者。

按照传统的说法，狮身人面像是具有狮身及法老卡夫拉面容的巨大石像，建于4500年前，也就是卡夫拉王在位时期。但在历史上，它曾长期被黄沙掩埋，直到公元前1400年左右，埃及十二王朝的杜德摩西四世才将它挖掘出和清洗干净。传说，当杜德摩西四世还是王子时，有一天他在沙漠上狩猎劳累了，便在被黄沙掩埋的狮身人面像头上睡觉。在睡梦中他梦见狮身人面像向他承诺道，说他若能将它从黄沙中拯救出来，他就能成为法老王。他醒来后立刻着手，把狮身人面像挖出。后来他果然就成为法老王。这件事被记载在狮身人面像巨大前掌间的石碑上。

证明狮身人面像是由卡夫拉修建的证据之一在于，公元前1400年杜德摩西四世在狮身人面像脚爪之间放置的一块石碑上留下了一段碑文，这段碑文如今仅存一行文字，依稀可辨别出"卡夫"两个字，后人由此推测"卡夫"指的就是法老卡夫拉。另一个证据则在于，当初位于狮身人面像附近的河岸神殿出土时，发现里面有一座雕像将卡夫拉本人描绘成一个狮身人面像的神灵。

可是到了1905年，有关狮身人面像与卡夫拉之间的直接关系就显得站不住脚了。考古发现在古文献记载中古埃及所有统治者的姓名无一例外都有一个现在称为"徽印"的长方形外框。但在"卡夫"这两个字外部没有这样的"徽印"，因此"卡夫"可能并非指一个法老的名字。而"卡夫"这两个字在古埃及文字中仅仅是"升起"的意思。

1992年，纽约法医学专家弗兰克·多明哥对埃及法老卡夫拉雕像的头部及狮身人面像的"人面"作了深入细致的研究，结果证明两者差别巨大，因此不可能是同一人，也就是说"人面"不是卡夫拉。因此，先前考古学家对于它面部的判断显然是错误的。

1992年8月，来自波士顿大学的地质学博士修奇根据狮身人面像所受腐蚀的特点与程度，他得出了一个惊人而又令人信服的结论：狮身人面像最迟出现于埃及历史上最后一次雨季的早期，也就是公元前7000至公元前5000年就已建成。他的证据在于，狮身人面像的侵蚀边缘比较圆钝，呈蜿蜒弯曲向下的波浪状，有的侵蚀痕迹很深，最深达2米。另外上部侵蚀得比较厉害，下部侵蚀程度没那么高。狮身人面像暴露在空气中的时间最多不会超过1000多年，其余时间被掩埋在沙石之中。如果真是建于埃及卡夫拉王朝而又被风沙侵蚀的话，那么同时代的其他石灰岩建筑，也应该受到同样程度的侵蚀，然而古王朝时代的建筑中没有一个有狮身人面像受侵蚀的程度严重。

可以断定，狮身人面像上的侵蚀痕迹是典型的雨水侵蚀痕迹。但是这个论断最难以让人接受之处在于，撒哈拉沙漠已经存在了几千年，事实上，从公元前3000年以来，吉萨高原上一直没有这样足够造成狮身人面像侵蚀的雨水。难道狮身人面像上的侵蚀痕迹是历史上尼罗河泛滥的印迹吗？但考古学家们马上否定了这样的猜测，因为洪水与雨水的侵蚀方式有着明显的不同，洪水对底部的侵蚀比对顶部厉害得多。而事实上，金字塔顶部受到的侵蚀显然更多一些。那一切似乎只有一种可能：狮身人面像的确曾经受到过严重的雨水侵蚀。

在历史上的某个时期，埃及曾遭受过持续不断的暴雨冲刷。令人惊奇的是，这个时间正是公元前10500年。在人类历史上的这一时期，地球上发生了巨大的气候变化——冰川消融，洪水泛滥。因为最后的冰川时代结束于12500年前，在这一时期之前，气候条件已经连续稳定了5万年。那时，北欧和北美洲被数百万平方公里的冰川所覆盖。但是突然间，冰川融化了，而且持续了2000年，从而引发了无法想象的洪水，也许正是圣经中所描述的洪水。

如果狮身人面像能够追溯到公元前10500年冰川时代终结的时候，那为什么它的头部是法老王的面相和装饰呢？经过对雕像头部的观察，可以发现其头部的保存情况显然比身体完好得多，尽管头部所用的灰石材料要更加坚固一些，但却和身体的磨损情况有着天壤之别。头部与身体的比例也有些不协调。头部相对身体的比例较小。当从空中俯视时，它的头部就像一只微型的小针头，而身体则显得长而扁平，而且明显有被水侵蚀的痕迹。我们似乎可以从中推断出，狮身人面

揭开"木乃伊"的神秘面纱

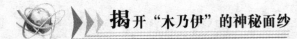

像头部并非最初的配件，仅仅是在历史上的某个特殊阶段，它被某些工匠精心修改再造过的。

所有这一切可能是这样发生的：在埃及变成沙漠之前，吉萨是一片肥沃的大草原；它的外缘是岩床，在那里一群石匠雕出了一个巨大的头像，也就是一位神灵的头部，或者说是一头狮子的头部。巨大的石灰石被切割得整整齐齐，并被一块块地运送到这里，有一些竟然超过200吨重。这些石料似乎毫不费力地被提升并安放到金字塔上。正如狮身人面像一样，它前面的庙宇也留存着更早时期的印迹。在冰川时代的末期，在建造金字塔的上万年前，它们经受了雨水的风化和侵蚀。洪水从狮子身上流过，形成了今天我们所看到的形状。

雨水停下后，原来富饶的草原变成了茫茫的沙漠。大风带来的沙子将雕像颈部以下的部分掩埋起来，狮身被水冲蚀的印迹于是被保存下来。而头部则留在空中继续遭受着风化和侵蚀。在公元前2500年，石匠对头部进行了再造，于是便有了今天的狮身人面像。所以，被认为是狮身人面像建造者的法老王卡夫拉，只是后继的修补者而已。

埃及民族考古学的成长

在殖民主义统治时期，埃及本国的考古事业长期被西方列强所控制，1952年埃及获得独立后，在政府的大力支持下，其本国的民族考古学逐渐成长起来，并培养出了一批跻身世界学术之林的优秀埃及学家。

1955年，埃及考古学家马拉赫在清理胡夫大金字塔南侧附近的小沙丘时，发现了两个石坑。当时只对第一石坑进行了发掘。在这个石坑内发现一条大木船的完整船体部件，共1224块。

埃及文物复修专家经数年努力后，克服重重困难，终于恢复了大木船的原貌：船长43米，最宽处5.9米，船头高6米，橹桨齐全，首尾高昂，形态优美。整艘船是用上等的黎巴嫩杉木制成，出土时杉木的香味仍依稀可辨。据研究，这是胡夫国王的"太阳船"，与古王国时期太阳崇拜有关。太阳崇拜的说法认为，国王死后，其灵魂升天，乘坐着太阳的大木船，随着太阳神昼夜在太空和地下航行。胡夫"太阳船"的出土，是20世纪中叶埃及考古学的重大发现之一，对于研究古埃及造船、航行以及古王国时期的社会经济生活具有重要意义。为此，埃及政府特地在胡夫大金字塔南侧修建了一座太阳船博物馆，并于1982年3月6日正式对外开放。

1985年由埃及古物局和国家地理学会组成的联合考察队对第二石坑进行了考察，发现坑内也有一艘同样的太阳船的松散部件，按照船体的形状、顺序堆放着。当时，考察队采用先进的氨塞装置，对坑内散落的船体部件没有搬动，只作了考察和详细记录，让它们继续埋在沙堆里，以便长期保存。1985年发现的这艘太阳船与1954年发现的第一艘太阳船极为相似，可见它们是姊妹船，只是第二艘船保存得不够完好。

第二次世界大战后，埃及民族考古学的主要成就是对西部沙漠绿洲的发掘，这一地区向来不被西方考古学家所重视。西部沙漠从尼罗河岸开始，向西伸延到利比亚，向南与苏丹接壤，向北直达地中海，占埃及领土总面积的三分之二以上。这片沙漠看似荒凉，却并不缺水，雨水虽然稀少，却有丰富的地下水源，形成一窜零零落落的绿洲分布在空旷的沙漠里。西部沙漠绿洲的历史极其悠久，而且内容丰富。这些地方在古代即有人居住，罗马时代这里处于联结利比亚各行省的贸易道上，成了繁荣的货运枢纽。埃及学者费克里在这一地区进行过开拓性的工作，早在20世纪60年代末，费克里就发掘了达赫拉绿洲的墓葬，并出版了两卷本的《埃及的绿洲》（1973，1974）。

近年来主持西部沙漠绿洲考古工作的是当今埃及最著名的考古学家、埃及古文物最高管理委员会主任哈瓦斯博士。1999年3月，哈瓦斯博士领导的一支考古队在位于开罗西南205英里处的拜哈里耶绿洲开始发掘，寻找沙漠墓葬遗址。

197

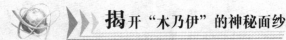
考古队在4个地方同时进行发掘，结果每处都挖出一个堆积着木乃伊的坟墓，共挖出放置在家庭墓穴里的142具尸体（包括男人、女人和儿童）。2000年5月，考古队又开始进一步发掘，发现了另外7座墓，里面共有100具木乃伊，其中一部分木乃伊戴有黄金面具。这就是在西部沙漠绿发现的非罕有的"黄金木乃伊"，它们大多数是罗马化的埃及人木乃伊，年代属于公元1、2世纪。西部沙漠中的重大考古发现，令埃及考古学家们兴奋不已，沙漠绿洲的考古也因此被纳入埃及考古学，成为其中的一个重要组成部分。

1999年到2000年的世纪之交，哈瓦斯博士主持了吉萨金字塔区的一次重大考古活动。1999年3月3日，美国福克斯电视台与埃及考古部门合作，通过卫星向全世界现场直播了哈瓦斯博士主持的这次考古活动。在这次别开生面的发掘过程中，哈瓦斯博士亲自在电视镜头前进行了现场解说。这次发掘取得了三项成果：打开了古埃及第四王朝大祭司凯及妻女的2个墓穴；重新找到了国王孟考拉的王后卡蒙若内比悌的小金字塔入口；同时还首次发现了古埃及冥世主神奥西里斯的象征性墓穴。

2002年9月17日，哈瓦斯博士主持了胡夫大金字塔"机器人探索之旅"的大型考古活动。美国福克斯电视台现场直播了机器人沿胡夫大金字塔的一条秘密通道探秘的全过程。被称作"金字塔漫游者"的机器人经过近两个小时的探测，爬过了200英尺的狭长通道，在通道尽头的第一道封闭石门上钻了个小洞，然后伸进一台用细电缆连接的摄象机，借助高清晰度探头，结果发现石门后是另一堵封闭的石墙。在直播期间，哈瓦斯博士又在大金字塔附近一座古墓的石棺中发现了一具4500多年前的男性骨骸，保存非常完整。据哈瓦斯博士分析，这位沉睡了4500年的石棺主人，就是当年建造胡夫大金字塔的监工。哈瓦斯博士宣布这次考古活动暂告一段落，探秘工作以后还要继续下去。这次大型考古活动虽然没有像媒体事先炒作的那样会揭开金字塔建造之迷，但电视观众和考古学家同步观看了"金字塔漫游者"探秘的场面，全世界有142个国家和地区同时现场直播了这一举世瞩目的考古挖掘活动。这次大规模的活动，是利用现代传媒手段，向全球直播了埃及现场考古发掘的过程，其意义已超过了这次重大考古发掘活动的本身。

半个多世纪以来，埃及的民族考古工作已逐渐成长与发展起来。埃及民族考古工作者所发掘的文物，不断地充实埃及博物馆的馆藏，他们的研究成果也越来越引起国际埃及学界的重视。现在的埃及博物馆的藏品总数已达30万件以上，拥有世界上同类博物馆中数量最多、最有价值的藏品。作为金字塔的故乡的埃及，已成为世界埃及学研究的中心之一。

埃及学研究的全面扩展

埃及学发展至今已是门类齐全，分工精细。埃及学的主要分支有：语言文字学、考古学、历史学、文献学、碑铭学、艺术学、宗教学、建筑学与科学技术等，其中最重要的是语言文字学，因为它是埃及学研究的基础。随着埃及学的发展，大的专业还可细分，以语言为例，按其发展情况可分为以下5个阶段：

1.古埃及语，是埃及第一~八王朝（约公元前3100~前2160年）时期的语言，经研究象形文字的原文证明，其中还包括有金字塔文（宗教文献）的语言。这一阶段的其他残存文献，主要是公文或正式的殡葬文和墓志铭。

2.中埃及语，是埃及第9~11王朝（约公元前2160~前1991年）时期标准文学语言，由古埃及语稍加修饰后演变而成。它的文学语言是以公元前2000年左右通行的口语为基础的。中埃及语的较早形式只残留作为宗教语言，它的较晚形式保存在一些碑文和文学作品中，一直流行到公元前1000年代希腊、罗马统治埃及时期。

3.后埃及语，是埃及第十八~二十四王朝（约公元前1567~前715年）时期的俗语广泛应用于文学作品、日常书信和商业文契中，而在一定程度上还保存在第十九王朝以后的公文中。后埃及语和它以前的各个阶段有重要区别，如使用定冠词和不定冠词，有若干语音变化等。

揭开"木乃伊"的神秘面纱

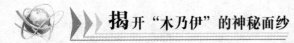

4.世俗语，这一名称不严格的应用于第二十五王朝至后期罗马帝国（约公元前730~公元470年）时期以通俗文体写成的书和文献中所使用的语言。这一时期用世俗体写成的大部分是法律文献，间或有文学和宗教作品。

5.科普特语，古埃及语的最后发展阶段是大约从公元3世纪起用科普特文字写成的语言；之所以这样称呼，是因为它是古埃及人的基督教徒后裔科普特人的口语。科普特语采用希腊字母表，并增加了7个溯源于象形文字的特殊字母。在公元642年阿拉伯人征服埃及后，科普特语逐渐被阿拉伯语所取代。到了16世纪阿拉伯语在埃及已十分流行，科普特语仍保留了下来，至今只在教堂中作为宗教语言使用。

古埃及文字按其书写方式又有象形文字、祭司体文字、世俗体文字和科普特文字之分；在语法结构上也有相应的变化，如科普特语的词汇中包括许多希腊的外来语，出现了语法上的小品词，与以前各阶段的词汇大不相同。

目前，世界上有100多个国家都建立了埃及学，使埃及学真正成为了一门世界性的学科。在发达国家中，埃及学规模最大的是美国、法国、英国和德国，其次是前苏联、瑞士、意大利等国。而在埃及学研究对象的国度——埃及，由于历史的原因，其本国的埃及学规模还不能与西方相提并论。

1952年埃及获得独立后也曾派出留学生到西方发达国家学习埃及学，尽管培养出了一批埃及学家，他们的埃及学研究总体水平比之美、英、法、德仍有逊色。但是，埃及有遗址，埃及博物馆藏有大量珍贵的文物，包括浮雕、石雕、石棺、纸草文书、随葬艺术品等。

20世纪初是埃及考古学最活跃的时期，当时，埃及政府允许挖掘者可保留半数的出土文物，大大激励了外国博物馆投资于埃及考古发掘。因此，世界各大博物馆都不遗余力地收藏古埃及文物，大英博物馆和卢浮宫博物馆所藏古埃及文物堪称一流。由于20世纪之前英国的霸权地位，使该国考古学家得以最大限度地在埃及收集到各类文物，大英博物馆因此成了除开罗博物馆以外收藏古埃及文物最多的地方，据不完全统计，大英博物馆的古埃及藏品数量达7万件以上；埃及学发轫于法国，法国人在埃及获得的大量文物，多收藏于卢浮宫博物馆，所以该馆的埃及藏品也相当丰富。

从19、20世纪之交开始，美国各大博物馆开始增设埃及收藏品的陈列，而在埃及的发掘又充实了博物馆的藏品。

到20世纪中期美国的埃及学已名列前茅，纽约大都会博物馆、波士顿美术博物馆、布鲁克林博物馆的古埃及藏品已蔚为可观。此外，意大利都灵博物馆、德国柏林博物馆、荷兰莱登博物馆、前苏联莫斯科美术博物院和列宁格勒国立博物院也收藏着数量不等的古埃及文物。目前，世界上几乎所有著名的综合性大学都开设有埃及学专业课程，如伦敦大学、巴黎大学、海德堡大学、芝加哥大学、哥伦比亚大学、耶鲁大学、开罗大学等。这些大学实力雄厚，已成为当今埃及学教学与研究的中心。专职的埃及学研究结构，如德国东方研究会、法国东方考古所、埃及英国考古学校、芝加哥大学东方研究所等，以资格老、研究水平高在国际埃及学界久享盛誉。上述各国的博物馆、大学和研究机构在埃及都设有研究所，领导本国考古队常年在埃及挖掘，主持整理、发表研究成果，并兼以宣传本国文化，与各国埃及学同行交流和互换资料，成为真正的文化交流中心，其工作受到各国政府的高度重视，并得到一些大基金会、大公司的经济赞助。

目前，来自100多个国家的专业考古队正在埃及境内的500多个文化遗址进行考古发掘，新的发掘成果不断问世。

早在19世纪，各国的埃及学家就已互通信息，交换资讯与心得。进入20世纪后，随着埃及学在许多国家的建立，这一学科已具有相当大的国际规模。

到了20世纪70年代，世界各国的埃及学家共同组成国际埃及学家协会，定期在不同国家召开国际埃及学会议，广泛进行国际合作与学术交流。1976年第一届国际埃及学家大会在开罗举行，以后每3年召开一次会议，使全世界埃及学研究者之间的联系更加密切。作为一门世界性的学科，埃及学的权威性刊物是1914年在英国伦敦出版的《埃及考古学杂志》，每年出版一期。这份杂志所刊登的论文并不限于埃及考古学领域，已涉及到埃及学的方方面面，包括古代埃及的语言、文字、文学、历史、经济、法律、建筑、天文、数学、医学等

揭开"木乃伊"的神秘面纱

内容。还有芝加哥大学东方研究所主编的《近东研究杂志》，以刊登亚述学和埃及学的论文为主，其埃及学论文水平高、亦有相当的学术份量。自埃及学诞生以来，世界各国出版界就热衷于出版与古埃及文明有关的书籍。全世界每年出版的埃及学书籍平均在800部以上，供研究的埃及学图书资料（包括学术专著、铭文等）就有5000余种，其中以英文最多，德文、法文居次，阿拉伯文亦占有相当的比重。

除出版专著、发表学术论文外，埃及学家们还负有撰写通俗读物、举办展览，普及古代埃及文化知识的任务。目前，世界各国出版的古埃及画册、通俗读物已多得难以计数。

20世纪70年代，"图坦卡蒙随葬品环球展"在美国和日本曾掀起了一阵"埃及热"；1999年夏，大英博物馆先后在中国的上海和香港举办"大英博物馆藏古埃及艺术珍品展"，观者如潮；2003年10月至2004年1月，埃及博物馆又连续在上海和北京举办"埃及国宝展"，更引来了大量参观者，人数最多的一天达到了15000人。最近这次展览里的展品共143件，是埃及政府提供外展文物最多的一次（20世纪70年代的"图坦卡蒙随葬品环球展"只展出70余件文物）。埃及政府这次向中国提供的文物的等级在外展中也是最高的，展出的文物均为埃及国宝，十分贵重，总价值在2亿6千万美元以上。

跨入21世纪的"埃及国宝展"，在上海和北京又掀起了一阵"埃及热"，同时也为埃及学在中国的普及工作增添了新的光彩。现在，每年专为寻访名胜古迹而涌入金字塔故乡的游人竟成了埃及国民经济外汇收入的主要来源之一。上述情况，足以证明世界各国人民对古埃及文化的浓厚兴趣，这正是古埃及文明本身的魅力所在。

埃及学自1822年创建以来，经过数代埃及学家的共同努力，已有很大发展。古埃及文明是属于全人类的，日新月异的埃及学的研究成果已成为全人类共同的文化财富。